reinhardt

Personzentrierte Beratung & Therapie; Band 17

GwG | Herausgegeben von der Gesellschaft
für Personzentrierte Psychotherapie und Beratung e.V., Köln

Ulrich Siegrist

Experienzielles Coaching

Körper und Emotionen konstruktiv nutzen

Mit 5 Abbildungen und 2 Tabellen

Ernst Reinhardt Verlag München

Prof. Dr. Ulrich Siegrist lehrt Kommunikation und Beratung an der Katholischen Hochschule Freiburg. Er leitet die Weiterbildung „Supervision und Coaching" der Gesellschaft für Personzentrierte Psychotherapie und Beratung (GwG).

Bibliografische Information der Deutschen Nationalbibliothek

Die Deutsche Nationalbibliothek verzeichnet diese Publikation in der Deutschen Nationalbibliografie; detaillierte bibliografische Daten sind im Internet über <http://dnb.d-nb.de> abrufbar.

ISBN 978-3-497-03101-6 (Print)
ISBN 978-3-497-61564-3 (PDF-E-Book)
ISBN 978-3-497-61565-0 (EPUB)
ISSN 1860-5486

Printed in EU
Covermotiv: © bittedankeschön / stock.adobe.com
Satz: JÖRG KALIES – Satz, Layout, Grafik & Druck, Unterumbach

Ernst Reinhardt Verlag, Kemnatenstr. 46, D-80639 München
Net: www.reinhardt-verlag.de E-Mail: info@reinhardt-verlag.de

Inhalt

1 Einführung

BEISPIEL

Körperliche Resonanz auf Coaching

„Dieses „Du denkst nur an Dich“, ja? Also, die haben letztendlich genau die Argumente rausgeholt und haben mich so damit treffen können. Ich war wirklich zum großen Teil fast handlungsunfähig. Ich konnte darauf kaum reagieren. Und als ich das jetzt gelesen habe, da habe ich gemerkt, dass das ja komplett absurd ist. Das ist völlig schräg, was die mir vorgeworfen haben. Da hätte ich aufplatzen können vor Wut (Pause).
Aber ich merke gerade, wie das in mir pocht, ja? (Pause) Dass ich immer noch unglaublich wütend bin. Und aber auch, auch eigentlich fassungslos. Also ja, ich merke, boah, ich habe mir das alles bieten lassen. Hallo, geht‘s noch?!“
(Aussage einer Klientin im Coaching)

Die Aussage der Coaching-Klientin lässt mich aufhorchen. Da berichtet sie zunächst über eine Begebenheit aus ihrem Arbeitsalltag, und scheinbar aus dem Nichts heraus und fast unauffällig kommt eine Wende in ihre Schilderung: Sie bezieht sich nicht mehr auf die Vergangenheit, sondern auf ihr aktuelles Erleben. Etwas pocht in ihr, sie spürt das geradezu körperlich. Und dieses Etwas hat ganz offensichtlich eine wichtige Bedeutung für sie.

Vermutlich kennen Sie aus dem Coaching oder aus der Supervision ähnliche Situationen, bei denen arbeitsweltbezogene Fragestellungen und Körperwahrnehmung in einen Bezug zueinander gebracht werden. Bei denen Klientinnen und Klienten eine körperliche Resonanz auf die Themen verspüren, die sie gerade bearbeiten. Vielleicht ist es Ihnen sogar wichtig, im Coaching nicht nur Vernunft und Sachlichkeit regieren zu lassen, sondern auch Emotionen und körperliche Reaktionen bewusst für Lösungsprozesse zu nutzen. Dann freut es mich, wenn Sie mit mir in diesem Buch die Theorie des experienziellen Vorgehens erkunden und Ideen entwickeln, wie Sie die experienzielle Theorie auf die Praxis des Coaching anwenden können.

Vielleicht haben Sie aber auch Anfragen an den „Body Turn“, der derzeit in den Beratungswissenschaften zu beobachten ist? Immerhin sprechen sich mehr als die Hälfte der Coaches für körperorientierte Interventionen aus und betrachten diese als gewinnbringend und zielführend (Lienhard & Künzli, 2021).

Entsteht wirklich ein Mehrwert durch die Einbeziehung der leiblichen Dimension im Coaching? Auch dieser Frage sollte ernsthaft nachgegangen werden, wenngleich sie in der Coachingforschung bisher wenig berücksichtigt wurde. So weit dazu aber bisher belastbare Erkenntnisse vorliegen, werde ich sie Ihnen in den folgenden Kapiteln ebenfalls zur Verfügung stellen.

Wenn Sie das Inhaltsverzeichnis dieses Buchs betrachten, werden Sie zweierlei feststellen: Zum einen werde ich mit einem Kapitel beginnen, das eine Einführung ins Coaching und in die Coachingforschung gibt. Dieses Kapitel ist kurz gehalten und verweist an einigen Stellen auch auf Publikationen anderer Autorinnen und Autoren. Es geht hier nicht um eine umfassende Darstellung zum Coaching, sondern um eine Einführung, die uns helfen soll, anschließend eine stimmige Verbindung zwischen dem experienziellen Konzept und der Theorie und Praxis des Coaching herzustellen. Zum anderen werde ich bei der Darstellung des experienziellen Ansatzes nicht in allen Details auf die Methode des Focusing eingehen, obwohl Focusing sozusagen zum Grundkurs des experienziellen Vorgehens gehört. Hierzu existiert aber bereits eine Fülle hilfreicher Veröffentlichungen, die aus meiner Sicht keiner Ergänzung bedürfen. So werde ich mich bei der Methode des Focusing auf die grundlegenden Facetten begrenzen, die uns helfen, ein Verständnis für die Methode zu entwickeln. Für das Coaching scheint mir vor allem die Frage relevant, wie ein experienzielles Veränderungskonzept theoretisch begründet und in der arbeitsweltbezogenen Beratung praktisch angewendet werden kann. Darauf werde ich in den einzelnen Kapiteln eingehen. Dazu werde ich das Focusing-Konzept zunächst in seiner ursprünglichen Ausrichtung vorstellen, also ohne Bezug zur Arbeitswelt und zum Coaching. Auf dieser Basis wird es dann leichter sein, das experienzielle Coachingkonzept zu verstehen und anzuwenden.

Gleich vorab will ich noch einen Hinweis zur sprachlichen Regelung in diesem Buch geben. Meine Ausführungen beziehen sich auf Personen unabhängig von ihrem jeweiligen Geschlecht. Um dem Rechnung zu tragen und gleichzeitig die Lesbarkeit der Arbeit zu erleichtern, werde ich in einzelnen Kapiteln die männliche Sprachform und in anderen Kapiteln die weibliche Sprachform anwenden. Gemeint sind dabei jeweils auch Personen des nicht explizit erwähnten Geschlechts. In Zitaten werde ich selbstverständlich die im Original gewählte Sprachregelung wiedergeben.

Ähnlich wie zu Beginn dieses Kapitels werde ich an einigen Stellen Zitate und Beispiele aus Coachinggesprächen einfließen lassen, um einen möglichst hohen Praxisbezug herzustellen. Die Zitate und Beispiele entstammen realen Coachingprozessen, wurden aber so weit anonymisiert und verfremdet, dass kein Bezug zu den beteiligten Personen hergestellt werden kann.

2 Coaching

„Coaching ist eine intensive und systematische Förderung ergebnisorientierter Problem- und Selbstreflexionen sowie Beratung von Personen oder Gruppen zur Verbesserung der Erreichung selbstkongruenter Ziele oder zur bewussten Selbstveränderung und Selbstentwicklung." (Greif, 2008, S. 59)

Zum Coaching gibt es unterschiedliche Vorstellungen – je nachdem, ob Coaching eher aus einer alltagsweltlichen oder einer arbeitsbezogenen Perspektive betrachtet wird. Im Kontext der Arbeitswelt gewinnt Coaching seit den 1990er Jahren zunehmend an Bedeutung, sicherlich auch vor dem Hintergrund der dynamischen Entwicklungen in Organisationen und der steigenden Anforderungen, die eine zunehmende Unsicherheit für das Individuum mit sich bringen (Kauffeld & Gessnitzer, 2018). In Abgrenzung zu anderen Formaten geht es im Coaching weniger um Training oder Wissensvermittlung, vielmehr geht es um selbstregulierte Problemlöseprozesse des Klienten, bei denen der Coach für eine gewisse Zeit die Rolle eines begleitenden Experten übernimmt (Ebner, 2016).

Anlässe und Themen für Coaching sind typischerweise Probleme und Fragen der Kommunikation und der zwischenmenschlichen Beziehungsgestaltung, hohe Arbeitsbelastung, berufliche oder organisationale Veränderung, strategische Positionierung und Entwicklung und Werte und Sinngebung (Loos, 2016). Dabei verfolgen psychologische Coachingkonzepte das Ziel, den Klienten bei der Verbesserung seiner Selbststeuerung und bei der Entwicklung von Handlungsalternativen zu begleiten und ihn zu stärken, sich in seinem Umfeld als souveräner Gestalter zu bewegen. Für den Coachee sollen neue Handlungsmöglichkeiten und Sichtweisen eröffnet werden, die sein Handeln in seiner „wirklichen Welt" zum Erfolg führen können (Wilmes & Loebbert, 2013, S. 17).

Auch wenn im Coaching zu großen Teilen auf Konzepte zurückgegriffen wird, die ursprünglich im psychotherapeutischen Kontext entwickelt wurden, sollte klar sein, dass Coaching sich unterscheidet von der Psychotherapie oder der Beratung psychischer Störungen. Selbst wenn hier ebenso wie in der Psychotherapie die Persönlichkeit und die Arten des Fühlens, Denkens und Handelns der Beteiligten thematisiert werden, richtet sich Coaching doch grundsätzlich an gesunde Personen, die während des gesamten Coachingprozesses eigenständig agieren und in ihrer Selbstverantwortung unterstützt werden (Limmer & Schütz, 2018).

2.1 Was Coaching bewirkt

Während die Coachingforschung zu Beginn der 2010er Jahre noch in weiten Teilen am Anfang stand, wurden zwischenzeitlich die Forschungsvorhaben wesentlich intensiviert, so dass heute bereits eine Fülle empirischer Untersuchungen zum Coaching zu verzeichnen ist. Besonders interessant sind dabei Metaanalysen, die die Erkenntnisse mehrerer Einzelstudien vergleichen und Aussagen zur Ergebnisqualität und den Wirkmechanismen im Coaching ermöglichen.

Metaanalysen zum Coaching

- *De Meuse et al. (2009): Evaluating the effectiveness of executive coaching: Beyond ROI?*
- *Jones et al. (2015): The effectiveness of workplace coaching: A meta-analysis of learning and performance outcomes from coaching*
- *Sonesh et al. (2015): The power of coaching: A meta-analytic investigation*
- *Theeboom et al. (2014): Does coaching work? A meta-analysis on the effects of coaching on individual level outcomes in an organizational context*
- *Burt & Talati (2017): The unsolved value of executive coaching: A meta-analysis of outcomes using randomised control trial studies*
- *Graßmann et al. (2019): The relationship between working alliance and client outcomes in coaching: A meta-analysis*

Gemeinsam ist den Metaanalysen, dass sie die Wirksamkeit bzw. positiven Ergebnisse von Coaching bestätigen, und zwar sowohl hinsichtlich der Lernebene und der Verhaltensebene des Coachee als auch hinsichtlich der arbeitsbezogenen Ergebnisse (Kotte et al., 2018). Konkret lässt sich auf der Grundlage der Analysen folgender Nutzen von Coaching beschreiben:

- Reduzierung negativer Belastungseffekte und Zunahme allgemeinen Wohlbefindens
- Zunahme von Arbeitszufriedenheit und Karrierezufriedenheit
- Effektivere Führung und Zielerreichung
- Positive Veränderungen im Umgang mit Konflikten, Selbstbewusstsein und Selbstakzeptanz
- Entwicklung von Bewältigungsstrategien und Kompetenzen
- Stärkung selbstregulativer Strategien und der Kompetenz- und Kontrollüberzeugung
- Positive Auswirkungen auf die Arbeitsleistung und Produktivität

Allerdings sollte die Liste der positiven Wirkungen nicht dazu verleiten, Coaching generell unkritisch zu betrachten. So beschreibt beispielsweise Carsten Schermuly (2019), dass auch Nebenwirkungen wie z.B. eine Beeinträchtigung des psychischen Wohlbefindens und der Leistungsfähigkeit oder auch eine negative Bewertung der Arbeitsrolle auftreten können. Insgesamt weisen die Forschungen darauf hin, dass die positiven Auswirkungen des Coaching davon abhängig sind, welche Intervention eingesetzt wird und inwieweit die für das Coaching relevanten Wirkfaktoren im jeweiligen Prozess auch tatsächlich zum Tragen kommen (Kotte et al., 2018). Insofern ist es für das Coaching von Bedeutung, nicht nur die Auswirkungen, sondern vor allem auch die Wirkfaktoren zu kennen, die zum Gelingen beitragen.

2.2 Was im Coaching wirkt

Die Frage nach den Wirkfaktoren im Coaching wurde in den letzten Jahren von verschiedenen Autoren aufgegriffen und systematisiert. Zwei dieser Systematisierungen möchte ich hier vorstellen, bevor ich auf die weiteren Erkenntnisse der Metaanalysen eingehe.

Model of Coaching Effectiveness (Kilburg, 2001): Das Model of Coaching Effectiveness gilt als Pionierwerk der Wirkfaktoren im Coaching. Es basiert im Wesentlichen auf Erkenntnissen der Gesundheits- und Psychotherapieforschung, die auf das Coaching übertragen wurden. Richard Kilburg beschreibt sieben Faktoren, die sich teilweise auf den Coach, teilweise auf den Klienten und teilweise auf die Rahmenbedingungen des Coaching beziehen und effektives Coaching kennzeichnen:

- Commitment von Coach und Klient: Die Bereitschaft, Hingabe oder Verpflichtung dem Entwicklungs- bzw. Coachingprozess gegenüber.
- Charakteristika des Problems: Gemeint ist damit z.B. dessen Komplexität, Intensität, Dauer oder Emotionalität.
- Strukturelle Rahmenbedingungen: Klarheit und Verbindlichkeit der Absprachen zur Zusammenarbeit und zu den Zielen des Coaching.
- Arbeitsbeziehung: Hierunter zählen auch die Fähigkeiten des Coach zur Gestaltung des Arbeitsbündnisses, wie z.B. Empathie, Authentizität, Toleranz, Wertschätzung.
- Qualität der Interventionen: Auswahl und Angemessenheit der Interventionen.

- Adhärenz: Einhaltung bzw. Umsetzung der im Coaching vereinbarten Maßnahmen.
- Organisationaler Kontext: Finanzielle Ressourcen und Unterstützung durch Vorgesetzte.

Strukturmodell der Wirkungen (Greif, 2008): Siegfried Greif entwickelte ein Strukturmodell der Wirkungen beim ergebnisorientierten Einzelcoaching, das ebenfalls teilweise auf Erkenntnissen der Psychotherapieforschung basiert, jedoch auch Wissen aufgreift, das direkt im Rahmen der Coachingforschung gewonnen wurde. Das Modell ist insgesamt als eine theorieorientierte Zusammenfassung zum Stand der Forschung zu verstehen, und es unterscheidet zwischen den Voraussetzungen für das Coaching, dem Coachingprozess selbst und den Ergebnissen des Coaching. Ein Coachingprozess wird dann als erfolgversprechend eingeschätzt, wenn folgende Faktoren zur Geltung kommen:

- Wertschätzung und Unterstützung: Verbale und nonverbale Verhaltensweisen, mit denen Empathie, Wertschätzung und emotionale Unterstützung ausgedrückt werden
- Affektreflexion und -kalibrierung: Reflexion und Regulierung von starken Gefühlsregungen
- Ergebnisorientierte Problemreflexion
- Ergebnisorientierte Selbstreflexion
- Zielklärung und Zielorientierung
- Aktualisierung von internen und externen Ressourcen: Interne Ressourcen umfassen hilfreiche Persönlichkeitsmerkmale des Klienten, externe Ressourcen beziehen sich auf das Umfeld des Klienten
- Umsetzungsunterstützung: Unterstützung beim Transfer in den Alltag des Klienten
- Evaluation im Verlauf durch Feedbackprozesse zwischen Coach und Klient
- Individuelle Analyse und Anpassung entsprechend der jeweiligen Persönlichkeit des Klienten und seines Kontexts

Diese beiden Zusammenfassungen machen vermutlich schon deutlich, dass die im Coaching relevanten Wirkfaktoren eher methodenunspezifisch sind, und dass allgemeine Aspekte wie Beziehung, Motivation, Involvierung und Erwartung in ihrer Bedeutsamkeit und Wirksamkeit nicht zu unterschätzen sind. Hervorgehoben wird in den genannten Metaanalysen besonders die hohe Bedeutung der Beziehungsqualität und der Arbeitsallianz zwischen Coach und Coachee. Alle wünschenswerten Coachingwirkungen sind positiv mit der Beziehungsqualität zwischen Coach und Coachee verbunden. Unbeabsichtigte negative Auswirkungen des Coaching treten bei einer tragfähigen Beziehung signifikant seltener auf (Graßmann et al., 2019). Das jeweilige methodische Vorgehen steht dann in einem positiven Zusammenhang zum Gesamtergebnis des Coaching, wenn es gelingt, auf dem Fundament einer tragfähigen Coach-Coachee-Beziehung eine integrierbare Neuerfahrung und Neubewertung bei dem Klienten anzustoßen.

> **!** Alle wünschenswerten Coachingwirkungen sind positiv mit der Beziehungsqualität zwischen Coach und Coachee verbunden.

Kein statistisch relevanter Wirkfaktor ist übrigens die Länge des Coachingprozesses. Eine hohe Anzahl von Coaching-Sitzungen muss nicht hilfreicher sein als ein nur wenige Termine umfassender Coachingprozess (Schermuly, 2019). Die Frage, wie viele Termine ein Coaching idealerweise umfassen soll, lässt sich nicht pauschal, sondern nur individuell anhand der Komplexität der jeweiligen Themenstellung und anhand der Ziele des Coaching beantworten. Die Zielklärung spielt insgesamt eine wichtige Rolle: Wenn die Zielformulierung gut elaboriert ist und die Zielannäherung auch immer wieder kontrolliert wird, wirkt sich das erkennbar positiv auf das Coachingergebnis aus (Möller & Kotte, 2011).

2.3 Wie Coaching Veränderung fördert

Wenn wir von Veränderung im Coaching sprechen, sollte zunächst definiert werden, was damit überhaupt gemeint ist. Im Allgemeinen bezieht sich die im Coaching intendierte Veränderung auf vier unterschiedliche Ebenen (Kotte et al., 2018). Diese sind:

1. Die Reaktionsebene: Sie zeigt sich an der Zufriedenheit bzw. der subjektiven Einschätzungen des Coachee zum Erfolg der Maßnahme.
2. Die Lernebene: Hier geht es zum einen um kognitives Wissen und um Strategien, die im Coaching erworben werden, und zum anderen um affektive Umgestaltungen, also Veränderungen der Einstellungen und der Motivation.

3 Die Verhaltensebene: Eine Veränderung auf der Verhaltensebene zeigt sich in dem Ausmaß, in dem das im Coaching Gelernte in den Alltag transferiert werden kann.
4 Die Ergebnisebene: Gemeint ist hier der Einfluss des Coaching auf organisationale Ziele, also beispielsweise die Arbeitsleistung oder die Mitarbeiterbindung

Wenn sch im Coaching etwas Neues ereignet, wenn sich bisher nicht wahrgenommene Sichtweisen und Handlungsmöglichkeiten eröffnen, hat das im Idealfall Auswirkungen auf alle vier dargestellten Ebenen. Der Schwerpunkt der Veränderung in einer einzelnen Coachingsitzung oder Coachingsequenz liegt dabei zunächst auf der intrapersonalen Veränderung, also auf der Reaktionsebene und auf der Lernebene hinsichtlich der Einsichten und Einstellungen, des Wissens oder der Motivation. Diese Veränderung kann dann im Alltag auch zu einer Veränderung des Verhaltens und des organisationsbezogenen Ergebnisses führen.

! Coaching eröffnet neue Sichtweisen und Handlungsmöglichkeiten für die Person des Coachee, für sein Wissen und Verhalten, und für seine Arbeitsprozesse.

Veränderung geschieht in der Regel nicht automatisch, sondern durchläuft als Prozess verschiedene Phasen (Kottler, 2014). Am Beginn des Prozesses steht ein Wunsch nach Veränderung, der ausgelöst wird durch eine Krise, einen Entwicklungsübergang oder durch bestimmte Verhaltensweisen des Umfelds. Dabei wird ein Schmerzniveau oder Unbehagen erreicht, das von der betroffenen Person nicht mehr ignoriert oder geleugnet werden kann. Daraus entsteht im weiteren Verlauf ein Bewusstsein oder eine Einsicht, dass eine Veränderung auch wirklich notwendig ist. In der Folge kommt es zu einem schrittweisen Prozess, in dem aus der Einsicht eine konstruktive Handlung erwächst, so dass auch unvermeidliche Rückschläge überwunden werden können.

Die Vorstellungen davon, wie die Einsicht im Veränderungsprozess und die konstruktive Handlung konkret vonstatten gehen, unterscheiden sich je nach psychologischer Theorie. Manche Schulen heben beispielsweise das „Ersetzen" dysfunktionaler Kognitionen hervor, andere betonen die Entwicklung von Selbsttransparenz und Selbstkongruenz, und wiederum andere Schulen bringen Veränderung in Verbindung mit Affektkontrolle, Bindungsfähigkeit oder Mentalisierungsfähigkeit. Generell lassen sich diese Veränderungskonzepte in zwei Gruppen aufteilen (Riva, 2015): Auf der einen Seite finden sich die „bottom-up"-Modelle, und auf der anderen Seite die „top-down"-Modelle. Bei den top-down-Modellen steht das bewusste und möglichst rationale Explorieren und Analysieren des Problems im Vordergrund. Dadurch sollen Erklärungen und Lösungen für emotionale und für verhaltensorientierte Fragestellungen gefunden werden, die dann wiederum helfen sollen, das Verhalten zu steuern. Die bottom-up-Modelle dagegen betonen zunächst die Auseinandersetzung mit den eigenen tieferen Schichten, also den Emotionen und dem aktuellen eigenen Erleben. Sie gehen davon aus, dass aus der Auseinandersetzung mit diesen eher affektorientierten Facetten schrittweise veränderte Sichtweisen und Verhaltensweisen abgeleitet werden können. Beide Modelle haben jeweils ihre Berechtigung und können sich gegenseitig ergänzen. Das experienzielle Veränderungskonzept, um das es in diesem Buch geht, zählt zu den bottom-up-Modellen und hebt insbesondere darauf ab, Affekte und Körperspüren nicht nur als Einflussfaktoren auf das eigene Verhalten zu betrachten, sondern diese Facetten gezielt als Ressource für Veränderung zu nutzen.

Veränderung in der Person geschieht nicht nur „top-down", sondern auch „bottom-up", von innen nach außen.

Unterstützung erhält die bottom-up-Sichtweise auch durch neuere neurowissenschaftliche Erkenntnisse. Sie zeigen auf, dass unbewusste bzw. vorbewusst-intuitive und somatisch-vegetative Prozesse maßgeblichen Einfluss nehmen auf das menschliche Erleben und Verhalten. So fordert die Coaching-Forscherin Alice Ryba:

> *„Für tiefgreifende Veränderungen bedarf es einer Berücksichtigung des Unbewussten. Dieses drückt sich weniger durch den Inhalt des Gesagten, sondern vielmehr durch die damit verbundenen vegetativ-somatischen Prozesse aus. Die Berücksichtigung des Körpers im Coaching ist aus diesem Grund ganz entscheidend." (Ryba, 2019, S. 313)*

In der Coaching-Prozessforschung wird Veränderung häufig in Verbindung gebracht mit sogenannten Critical Moments (De Haan & Nieß, 2018). Gemeint sind damit Momente oder Sequenzen im Coachingprozess, die sich im Nachhinein als besonders signifikant für die Veränderung identifizieren lassen. Sie zeigen, dass Veränderung im Coaching nicht als in sich einheitlicher oder linearer Prozess stattfindet, sondern vielmehr als sequentielles und von besonderen Momenten geprägtes Geschehen betrachtet werden muss. Andere Autoren sprechen in diesem Zusammenhang von Bedeutsamen Momenten (Wegener, 2019) oder Aha-Erlebnissen (Greif & Riemenschneider-Greif, 2018), oder im Kontext der Psychotherapie auch von Innovative Moments (Gonçalves et al., 2010). Konkret geht es dabei um:

- Momente des Lernens, bei denen eine neue Einsicht entsteht oder neue Verbindungen oder Perspektiven aufgegriffen werden;
- eine positive oder negative Veränderung in Beziehungen;
- eine Handlung seitens des Klienten oder des Coach, die in diesem Moment eine hohe Bedeutung hat;
- eine besonders positive oder besonders negative Emotion auf Seiten des Klienten oder auf Seiten des Coach;
- aufkommende Zweifel, die eine hohe Bedeutung haben.

Besonders intensiv hat sich zuletzt Robert Wegener (2019) mit Bedeutsamen Momenten im Coaching beschäftigt. Er beschreibt diese so:

> *„Bedeutsame Momente im Coaching sind besonders produktive Episoden eines Coachings, in denen ein Coachee mit Hilfe eines Coachs erfolgreich jene Teilaufgaben bearbeitet, die in einem produktiven Verhältnis zum Coaching-Anliegen und zum damit verbundenen Coaching-Ziel stehen. Entsprechend müssen folgende drei Bedingungen erfüllt sein, um von einem Bedeutsamen Moment im Coaching sprechen zu können: Erstens müssen Coachees während dieser Episoden mentale Veränderungsprozesse vollziehen. Zweitens sind diese mentalen Veränderungsprozesse Ausdruck der erfolgreichen Bearbeitung von Teilaufgaben, die in einem produktiven Verhältnis zum Coaching-Anliegen und zum damit verbundenen Coaching-Ziel stehen. Drittens müssen sie als Ko-Konstruktion in der Interaktion von Coach und Coachee entstehen.“ (Wegener, 2019, S. 102)*

Daraus wird deutlich, dass Bedeutsame Momente nicht zufällig entstehen, sondern aus der gezielten und an den Coaching-Anliegen orientierten Interaktion zwischen Coach und Coachee, die die Betrachtungsweise oder Wahrnehmung einer Situation verändert. Dadurch werden neue Ressourcen, alternative Sichtweisen oder ergänzende Wissensbestände aktiviert, die dann handlungswirksam werden können.

3 Eugene Gendlins Focusing-Ansatz

Wer sich mit experienziellen Konzepten und mit dem Begriff des Felt Sense befasst, landet unweigerlich bei Eugene Gendlin (1926 – 2017), dem Begründer des Focusing. Gendlin war Schüler und späterer Nachfolger von Carl Rogers an der Universität von Chicago, wo er im Rahmen seiner Psychotherapieforschung vor allem der Frage nachging, wie Therapie zu langanhaltenden Veränderungen im Leben von Menschen beitragen kann. Eine zentrale Beobachtung dabei war die, dass Veränderungsschritte in der Therapie häufig hervorgerufen wurden durch etwas, was die Klientinnen innerlich, häufig intuitiv und unbewusst, taten. Auffallend war zudem, dass der innere Veränderungsprozess oft einher ging mit Phasen des Schweigens und des Suchens nach Metaphern oder Worten, um das eigene Erleben zu beschreiben oder ein Gefühl zu benennen. Ebenso auffallend waren die damit einher gehenden körperlichen Veränderungen, wie z.B. auffallendes Ausatmen oder plötzliches Zusammensacken (Wild-Missong, 1996).

Gendlin machte sich im Folgenden zur Aufgabe, diesen Prozess näher zu erforschen und gleichzeitig lehr- und lernbar zu machen. Hieraus entstand die Methode des Focusing. Maßgeblichen Einfluss hatte dabei neben dem engen Bezug zu Carl Rogers und dessen Personzentrierter Theorie auch Gendlins Studium der Philosophie, bei dem er sich intensiv mit der Strömung der Phänomenologie beschäftigte.

> *„Früh haben sich also in Gendlins Person und Leben philosophisches Denken und therapeutische Praxis gegenseitig gekreuzt und durchdrungen. Um diesen Prozess des Kreuzens von Denk- und Sprachformen mit der unmittelbaren Praxis geht es im Focusing […] Welcher Art ist die Wechselwirkung zwischen dem körperlichen Erleben der immer beziehungshaften Situation und den Formen des Denkens, Sprechens und Handelns? Oder, populär ausgedrückt: Wie vollzieht sich die Verbindung zwischen „Kopf" und „Bauch" (oder „Herz")? An dieser Schnittstelle, an der sich Denken und Fühlen kreuzen, ist Focusing zu Hause." (Wiltschko im Vorwort zu Gendlin & Wiltschko, 2016, S. 7f.)*

Grundlage des Focusing-Ansatzes wurde für Gendlin die von ihm entwickelte Philosophy of the Implicit und damit zusammenhängend das Konzept des Experiencing, das die Bedeutung von körperlichen Empfindungen bei innerpsychischen Prozessen und bei der Lösung von Problemen konkretisiert. Dabei war ihm wichtig, dass das experienzielle Konzept bzw. Focusing durch das Einbeziehen des sogenannten Felt Sense auch für andere, nicht explizit personzentriert oder experienziell ausgerichtete Therapieformen einen zusätzlichen Nutzen generieren kann.

War Focusing anfänglich noch als eine Art Pre-Therapy-Training gedacht, um Klientinnen zu ermöglichen, sich konstruktiv in den Therapieprozess einzubringen, wurde es für Gendlin bald ein Bedürfnis, seine Erfahrungen und sein Wissen über seelische Weiterentwicklung nicht nur einem Fachpublikum, sondern auch über den therapeutischen Rahmen hinaus allen Interessierten zur Verfügung zu stellen. Dies wurde für ihn zunehmend ein gesellschaftliches Anliegen. So wird heute ein Großteil seiner Studien und Artikel auf der Internetseite des Focusing Institute New York (www.focusing.org) kostenlos zur Verfügung gestellt. Als Problemlöse-Methode, die Denken und Fühlen systematisch in Beziehung bringt und das Unklare einer Situation körperlich erlebbar werden lässt, hat Focusing inzwischen in verschiedenen Lebensbereichen Einzug gehalten (Gendlin, 1998).

Im Blick auf Coaching und Supervision weisen einzelne Autorinnen zwar auf den Nutzen von Focusing bzw. von experienzieller Kommunikation hin (Feuerstein & Müller, 1998; Deloch & Feuerstein, 2013; Wahl, 2018), allerdings ist das Konzept im Coaching noch wenig verbreitet. Dies könnte auch darauf zurückzuführen sein, dass Focusing als Methode eher die Anmutung eines therapeutischen oder selbsterfahrungsorientierten Settings hat, während Coachs sich im Kontext arbeitsweltlicher Beratung in der Regel von Therapie und Selbsterfahrung abgrenzen. Hinzu kommt, dass im Rahmen der Psychotherapieforschung zwar umfangreiche Erkenntnisse über Focusing und Experiencing gewonnen werden konnten, dass aber noch wenig spezifische Forschung darüber durchgeführt wurde, inwieweit diese Erkenntnisse auch für die Beratungsdienstleistung Coaching gelten.

Eine gewisse Unübersichtlichkeit entsteht auch, weil Gendlins Konzept und Methode mit unterschiedlichen, teilweise englischsprachigen und teilweise deutschsprachigen Begriffen beschrieben wird. Zwar sind die Begriffe Experiencing, Focusing und Felt Sense mittlerweile auch im deutschen Sprachgebrauch als Fachbegriffe eingeführt, sie bedürfen aber immer noch einer vertiefenden Erklärung. Zusätzlich sprechen manche deutschsprachigen Autorinnen auch vom experienziellen Konzept, von experienzieller Psychotherapie oder von der Theorie des Erlebens bzw. der erlebensbezogenen Methode. Die Vielfalt der Begriffe mag teilweise verwirren, und sicherlich ist sie auch der Schwierigkeit geschuldet, eine angemessene Übersetzung oder Umschreibung des Gendlin'schen

Konzepts zu finden. Gleichzeitig weist sie auf eine Unschärfe hin, die uns in den Ausführungen von Gendlin immer wieder begegnet: Wenn von Focusing die Rede ist, kann sowohl das theoretische Konzept gemeint sein als auch die konkrete methodische Herangehensweise.

Um bei der Verwendung der Begriffe etwas mehr Klarheit herzustellen, werde ich im Folgenden dann von Focusing sprechen, wenn die spezifische methodische Anwendung des von Gendlin entwickelten Konzepts im Vordergrund steht. Wenn es primär um das theoretische Konzept geht, werde ich die Begriffe erlebensbezogenes Konzept und experienzielles Konzept synonym verwenden, und als Oberbegriff, der sowohl das Konzept als auch das durch Focusing intendierte intrapersonale Prozessgeschehen einschließt, werde ich den Terminus Experiencing verwenden. Das entspricht auch dem englischen Original, in dem Experiencing sowohl für das Konzept an sich als auch für den zentralen inneren Prozess der Veränderung steht.

> **!** Experiencing bezeichnet einen zentralen inneren Prozess, der durch eine Verbindung von Denken, Fühlen und körperlichem Erleben zustande kommt.

3.1 Personzentrierte Wurzeln

Dass das experienzielle Konzept eng mit personzentrierten Sichtweisen verbunden ist, ist sicherlich auch historisch durch die persönliche Verbindung zwischen Eugene Gendlin und Carl Rogers, dem Begründer des personzentrierten Ansatzes, zu verstehen. Zudem wurzelt das experienzielle Konzept in den gleichen humanistischen Menschenbildannahmen wie der personzentrierte Ansatz, der geprägt ist von einem tiefen Vertrauen in die Entwicklungsmöglichkeiten des Menschen und des Lebens. Rogers (2000; 2008) beschreibt dazu ein humanistisches Persönlichkeitskonzept, dessen wesentliches Element die Aktualisierungstendenz ist: die von Natur aus dem Menschen innewohnende Neigung, sich konstruktiv in Richtung Selbstverwirklichung und Unabhängigkeit zu entwickeln. Impulse zur Entwicklung müssen also nicht primär von außen gesetzt werden, sondern entwachsen der Aktualisierungstendenz des Menschen. Vor diesem Hintergrund geht es bei Beratung und Therapie in erster Linie nicht darum,

„ein einzelnes Problem zu lösen, sondern dem Individuum zu helfen so zu wachsen, dass es mit gegenwärtigen und zukünftigen Problemen in irgendeiner Weise besser umgehen kann." (Hinz & Behr, 2002, S. 203)

Eine wesentliche Rolle spielen dabei das Erleben und das Selbstkonzept. Das Erleben bezieht sich auf die aktuelle inwendige Erfahrung, die eine Person macht, wenn sie sich mit einem Thema oder einem Problem beschäftigt. Um deutlich zu machen, dass diese inwendige Erfahrung den gesamten Organismus des Menschen betrifft, also umfassender ist als eine rein gedankliche Verarbeitung, ist oft auch vom organismischen Erleben die Rede. Teilweise verwendet Rogers (2000) hierfür auch den Begriff Experiencing. In der personzentrierten Theorie gehen wir davon aus, dass der Organismus über eine Art inneres Wertsystem verfügt, aufgrund dessen wir die äußeren Erfahrungen, die wir machen, einordnen und bewerten. Dieses Wertsystem wird auch als organismisches Wertsystem bezeichnet, und es bestimmt unser Erleben und Selbsterleben.

Das Selbstkonzept umfasst das generelle Bild, das eine Person von sich selbst hat. Es entwickelt sich auf der Grundlage der Erfahrungen, die sie mit sich und den Prägungen der Umwelt macht. Solange das Selbstkonzept im Einklang mit dem organismischen Erleben steht, ist die Person ohne inneren Konflikt, sie ist kongruent und kann sich weiter in Richtung Selbstverwirklichung und Unabhängigkeit entwickeln. Tritt jedoch eine Diskrepanz zwischen dem Erleben des Organismus und dem bewussten Selbstkonzept auf, kommt es zur Inkongruenz, zu einem inneren Konflikt, der aber nicht unbedingt bewusst als solcher wahrgenommen werden muss. Dieser Konflikt beeinflusst die Wahrnehmung, behindert die Entfaltung des Organismus und führt zu psychischen und physischen Spannungen.

! **Ziel des personzentrierten Prozesses ist es, das bewusste Selbstkonzept in möglichst großer Übereinstimmung mit dem Erleben des Organismus zu halten.**

Im beraterischen oder therapeutischen Prozess gilt es für die Klientin deswegen, sich im Rahmen einer Selbstexploration des organismischen Erlebens und dessen kognitiven Bedeutungsinhalts gewahr zu werden, um eine Verbindung mit dem Selbstkonzept herzustellen und so zu einem neuen Bewusstsein über die eigene Person und zu einem veränderten Selbstkonzept zu gelangen. Idealziel dieses Prozesses ist die „fully-functioning-person", quasi eine „optimal entwickelte, hypothetische Persönlichkeit“ (Benecke, 2014, S. 188), die sich ihrer eigenen organismischen Erfahrungen gewahr ist und diese umfänglich zur eigenen Weiterentwicklung nutzen kann.

Grundvoraussetzung für das Gelingen eines solchen Prozesses ist ein psychologischer Kontakt zwischen Klientin und Therapeutin oder Beraterin, der beiden Seiten ermöglicht, sich gegenseitig wahrzunehmen und kognitiv und emotional zu interagieren. Rogers hat dazu drei Kernbedingungen beschrieben, die von Seiten der Beraterin zu erfüllen sind und heute auch weit über den personzentrierten Ansatz hinaus als Grundlage für gelingende Beratung oder Therapie anerkannt sind:

1 Echtheit der Beraterin (Kongruenz): Echtheit erfordert seitens der Beraterin ein Offensein für das eigene Erleben im Kontakt mit der Klientin und die Fähigkeit, dieses eigene Erleben auch in der Beratung zu nutzen.
2 Nicht an Bedingungen gebundene Akzeptanz (Wertschätzung): Die Zuwendung der Beraterin soll gleichzeitig frei sein von Beurteilungen und Bewertungen der Gedanken, Gefühle und Verhaltensweisen der Klientin. Die Wertschätzung des Gegenübers ist nicht an Bedingungen geknüpft.
3 Präzise einfühlendes Verstehen (Empathie): Das innere Erleben der Klientin und die dabei latent oder deutlich vorhandenen Gefühle spielen in der Beratung eine wesentliche Rolle. Aufgabe der Beraterin ist es, sich in den inneren Bezugsrahmen der anderen einzufühlen, quasi in der Innenwelt der Klientin zu Hause zu sein, ohne jedoch das Bewusstsein dafür zu verlieren, dass dies lediglich einer „als ob“-Position entspricht und nicht zum Zustand der Identifikation führen darf (Rogers, 1991b, S. 37).

Das Vorhandensein dieser drei Voraussetzungen schafft nach Rogers einen Beziehungsrahmen, in dem die Klientin sich wahrgenommen und bedingungsfrei beachtet und verstanden erlebt. Dies wiederum ist als Voraussetzung für die Selbstexploration der Klientin zu sehen, in deren Rahmen die Aktualisierungstendenz zum Tragen kommen und die Klientin zu Entwicklung, Wachstum und Reife führen kann.

Wie wir später noch sehen werden, kommt der Selbstexploration im experienziellen Konzept eine bedeutsame Rolle zu. Gemeint ist damit im personzentrierten Sinn eine aktive und klärende Auseinandersetzung mit dem inneren Erleben und dessen Bedeutung, um so indirekte, bisher nicht wahrgenommene Lösungskompetenzen und Ressourcen zu entdecken und zu aktualisieren.

> *„Unter Selbstexploration soll verstanden werden, dass der Klient über sich selbst, über seine spezifischen persönlichen inneren Erlebnisse spricht, sich über sie klarer wird oder sich wenigstens deutlich um Klärung bemüht." (Tausch & Tausch, 1973, S. 243)*

3.2 Philosophische Einflüsse

Auch wenn die Entstehung des Focusing eng mit der Psychotherapie verflochten ist, sollten wir berücksichtigen, dass Gendlin bei der Erarbeitung des Experiencing-Konzepts nicht primär auf psychologische Konstrukte zurückgriff, sondern seine Beobachtungen mit philosophischen Ansätzen zur Symbolisierung von Erleben und zum Zusammenhang von Erleben und Sprache verknüpfte. Wesentlich waren für ihn dabei die existenzphilosophischen Überlegungen von Martin Heidegger, Karl Jaspers, Jean-Paul Sartre und Maurice Merleau-Ponty. Im Kern geht es dabei darum, dass die menschliche Existenz neben den individuellen Gedanken, Gefühlen und Repräsentationen der Umwelt noch weitere Aspekte beinhaltet, die als eine „inhaltlich nicht mehr fassbare Eigentlichkeit" (Sachse et al., 1992, S. 7) beschrieben werden. In Gendlins philosophischem Konzept sind diese Facetten der Existenz gleichbedeutend mit dem Selbsterleben des Organismus in seiner Interaktion mit der Umwelt. Sie enthalten eine Fülle präkonzeptueller, impliziter Aspekte, die im Focusing-Prozess durch den Felt Sense erlebbar gemacht und durch das Finden von Wortsymbolen in Sprache gefasst werden sollen. Die Symbolisierung bzw. ihre gefühlte Bedeutung und die Suche nach Worten hierfür wird damit zu einem wesentlichen Element und Impulsgeber im vorwärtstragenden Prozess persönlicher Veränderung und Entwicklung.

Nach Gendlins Vorstellung findet im Individuum eine regelmäßige und kontinuierlich ablaufende Bezugnahme auf äußere Ereignisse statt, die auch körperlich spürbar ist – oder zumindest körperlich spürbar gemacht werden kann. Diesen für alle psychischen Ereignisse der Persönlichkeit grundlegenden Prozess der körperlich spürbaren Bezugnahme bezeichnet er als Experiencing. So kann Experiencing definiert werden als

> *„das konkrete, im Augenblick vor sich gehende Erleben eines Individuums […], bei dem die Aufmerksamkeit auf einen zugrunde liegenden gefühlten Erlebnisgegenstand gerichtet ist. Dieser Gegenstand muss nicht unbedingt vollständig verbal fassbar sein, es ist für das Individuum mehr eine körperlich fühlbare Beziehung: eine gefühlte, unmittelbar gegenwärtige, persönliche Bedeutung von Dingen und Erlebnissen." (Dahlhoff & Bommert, 1978, S. 65)*

Im Rahmen seiner philosophischen Überlegungen entwickelte Gendlin ein Prozessmodell von Veränderung und Entwicklung. Ausgangspunkt des Prozessmodells ist zunächst die Annahme, dass Körper und Umwelt ein prozesshaft vor sich gehendes Ganzes sind. Demnach nimmt das Individuum seine Umwelt nicht in erster Linie als etwas Statisches und Beobachtbares wahr, sondern als ein sich dynamisch fortsetzendes Geschehen, bei dem sich Körper und Umwelt gegenseitig implizieren.

> *„Ein Beispiel: Im Prozess des Gehens sind der Widerstand des Bodens und der Druck des Fußes Aspekte des selben sich dynamisch fortsetzenden Geschehens. [...] Umwelt ist im Prozessdenken zugleich Körper und umgekehrt ist Körper zugleich Umwelt. Dies wird deutlich, wenn man sich vergegenwärtigt, dass im Prozess des Gehens der Widerstand des Bodens bis in den Bau der Knochen im Fuß und bis in die Gelenke und Unterschenkelknochen und in den gesamten Kärperbau hineinreicht." (Hofmann, 2016, S. 218)*

Der Begriff Prozess steht in diesem Verständnis also für den dynamischen und veränderbaren Charakter des Seins und der im Sein enthaltenen Interaktionen und Wechselwirkungen zwischen der Person und ihrer Umwelt. In der Kommunikation zeigt sich dieser Prozess dann in Form des „Implizierens-ins-Geschehen" und des „Geschehens-ins-Implizieren-hinein" (Gendlin, 2015, S. 57). Gemeint ist damit, dass jede Bedeutung, die in einem Geschehen implizit wahrgenommen wird, wiederum eine eigene Fortsetzung, ein eigenes Geschehen mit sich bringt. Dieses Geschehen ist allerdings nicht kausal zu verstehen, sondern als ein Forttragen des Prozesses, denn indem etwas geschieht, ist das, was von dort an impliziert wird, etwas anderes. So ist das Implizieren nicht etwas Alleinstehendes, sondern kann nur in Kombination mit aktuellem Geschehen verstanden werden.

Implizieren meint in diesem Fall das Einbeziehen von (erlebensbezogenen) Aspekten, die nicht ausdrücklich ausgesprochen wurden, aber spürbar, körperlich erlebbar sind. So implizieren wir in einem Gespräch beispielsweise das, worauf unser Gegenüber hinaus will. Unser Erleben zeigt uns also etwas an, was zwar noch nicht in Worte gefasst werden kann, aber eben doch spürbar für uns ist. Unsere implizite Wahrnehmung wird dann beispielsweise auch Einfluss darauf nehmen, wie wir weiter auf unseren Gesprächspartner reagieren. Es geschieht ein „Implizieren-ins-Geschehen" hinein. Umgekehrt löst das, was unser Gegenüber sagt, wiederum eine implizite Reaktion bei uns aus, so dass sich unser Implizieren durch den Gesprächsbeitrag (das Geschehen) verändert und weiterentwickelt.

Im Idealfall gelingt es, implizite Aspekte zu explizieren, sie also so in Worte zu fassen, dass sie gezielt zum vorantragenden Prozess beitragen können. Der Philosophie des Prozessmodells folgend, ist aber die Explikation kein fertiges Produkt, sondern umfasst mehr und anderes als „das Geschehen, in dem das jetzt Explizierte noch implizit war" (Gendlin, 2015, S. 297). Auch das kennen wir aus eigener Erfahrung: Wenn wir versuchen, etwas innerlich Gespürtes in Sprache zu fassen, brauchen wir manchmal mehrere Anläufe, um die richtigen Worte zu finden, und oft klären sich unsere Gedanken erst im Verlauf des Redens: Die Explikation entwickelt und verändert sich während unseres Sprechens.

Eine Störung tritt nach dem Prozessmodell dann auf, wenn etwas, das im Prozess eigentlich impliziert ist, nicht geschieht, wenn Geschehen also gestoppt wird. Das ist dann der Fall, wenn ein Mangel auftritt, wenn der Organismus etwas (ein Objekt) vermisst. Dieses Objekt ist nicht ein von Beginn an abgrenzbares oder gegebenes Etwas, sondern es wird dadurch zum Objekt, dass es im Rahmen des Prozessgeschehens als etwas Fehlendes impliziert wird.

Damit der so angehaltene Prozess fortgeführt werden kann, muss das Objekt (wieder) auftauchen, entweder indem der Prozess etwas Neues impliziert, seinen Charakter verändert, oder indem etwas bisher nicht Impliziertes in den Prozess hinein geschieht. So entsteht eine Bewegung, die Neues, Schöpferisches hervorbringt, was aus dem bisherigen Prozess heraus noch nicht prognostizierbar gewesen ist. Zur Veranschaulichung, wie sich aus einem gestörten bzw. gestoppten Prozess heraus Neues entwickeln kann, nutzt Gendlin die Vorstellung von drei Räumen, die sich aus gestoppten Prozessen heraus ausbilden können:

1 Der Verhaltensraum: Hier nutzt der Organismus quasi intuitiv seine Möglichkeiten und sein Gespür, den Stopp durch ein bestimmtes Verhalten oder eine Verhaltensänderung zu überwinden.
2 Der symbolische Raum: Wenn das intuitive Agieren an seine Grenzen kommt, wird der symbolische Raum relevant. Dabei können Sprache und Symbolik neue Möglichkeiten eröffnen, um bisher wahrgenommene Grenzen zu überwinden. Eine Symbolik kann ganz konkret sein, z.B. das Heben der Hand als eine Handlung, um ein Taxi zu rufen. Durch diese Geste kommunizieren wir symbolhaft, machen uns also das Verhalten einer Taxifahrerin verfügbar, ohne im direkten Gespräch mit ihr zu sein. Auf einem weiteren Abstrahierungsniveau kann Symbolik auch durch Repräsentation entstehen, indem eine Symbolisierung für ein Objekt gefunden wird und dann eine Auseinandersetzung mit der Symbolisierung stattfindet.

Wir kennen das aus unserer Alltagssprache, wenn wir Metaphern verwenden, anstatt direkt über eine Sache zu sprechen. Wenn wir beispielsweise davon sprechen, ein totes Pferd zu reiten und uns dann überlegen, wie wir mit dem toten Pferd umgehen könnten, geht es in der Regel nicht um ein konkretes Pferd, sondern um eine Sache (ein Objekt), mit der wir nicht vorankommen. Das Pferd aber wird zum Symbol, und wir können uns mit dem Symbol beschäftigen, um ein Vorankommen in der Sache zu erreichen.

3 Ein großer, offener Raum: Der dritte Raum wird bedeutsam, wenn Stopps bzw. angehaltenes Geschehen auch im symbolischen Raum nicht überwunden werden können. Dann kommt das zum Tragen, was im Focusing Felt Sense genannt wird: Die Symbolisierung verbindet sich mit einem Gespür, mit einem Fühlen. Aus dieser Verbindung von Symbolisierung und Fühlen entsteht ein neues Verstehen, ein ganz eigenes „ja, ja, genau…". Damit entsteht ein Raum, der über das Symbolische hinaus trägt bzw. dem Symbolischen neue Möglichkeiten eröffnet und damit neue Sichtweisen und Handlungen ermöglicht.

Auch dieser Raum lässt sich am Beispiel des toten Pferdes darstellen. Selbst wenn wir ein Symbol wie das des toten Pferdes gefunden haben, kann noch eine gewisse Ratlosigkeit zurückbleiben, weil wir keinen Weg im Sinn eines voran tragenden Prozesses finden, der uns zu einer Lösungsidee in der Sache führen würde. Wenn es uns aber beispielsweise gelingt, das Symbol noch mit einem Gefühl zu verbinden, könnten sich weitere Möglichkeiten ergeben. So könnte es sein, dass wir Traurigkeit verspüren. Und aus der Trauer könnte sich ein innerer Prozess ergeben, der es uns ermöglicht, das „tote Pferd" zu begraben. Bei einer anderen Person könnte aber anstelle der Trauer ein Entsetzen auftauchen, dass sie schon lange auf einem toten Pferd sitzt, ohne sich dessen bewusst zu sein. Vielleicht ist das Entsetzen auch mit einem Körpergefühl oder beispielsweise einem schnelleren Atem verbunden. Daraus würde diese Person dann vielleicht eine andere Lösung ableiten als die Person, die Traurigkeit verspürt. Solche neuen Möglichkeiten entstehen sozusagen in unserem Inneren, sie sind damit sehr persönlich und beschreiben unseren individuellen Weg, der sich von dem Weg, den eine andere Person einschlagen würde, unterscheidet.

Aus Gendlins philosophischer Sicht sind in diesem dritten Raum der Körper und die Zeit besonders bedeutsam. Der Körper wird hier als ein lebendiges Wesen einbezogen, das sozusagen selbst Prozess ist und sowohl Erfahrungen der Vergangenheit als auch gegenwärtige Erfahrungen in sich trägt. Deswegen beinhaltet jede gegenwärtige Erfahrung auch vergangene Erfahrungen, und Vergangenheit und Gegenwart verändern sich gemeinsam zu etwas Neuem. Als Konsequenz dieser Sichtweise kann der Organismus nicht stillstehen, sondern wird sich beständig weiterentwickeln, sich regenerieren, sich verändern.

„Jede gegenwärtige Erfahrung beinhaltet in der Tat vergangene, doch ist die gegenwärtige nicht einfach eine Neuanordnung vergangener Erfahrungen. Die Gegenwart ist ein neues Ganzes, ein neues Ereignis. Sie gibt der Vergangenheit eine neue Funktion, eine neue Rolle zu spielen. [...] Die Vergangenheit ändert sich in der neuen Gegenwart." (Gendlin, 1996, S. 31)

3.3 Die Schlüsselrolle des Felt Sense

„Persönliche Probleme und Schwierigkeiten im Leben sind niemals nur kognitiver Natur, niemals nur eine Frage von Interpretation und Verstehen. Es gibt immer eine affektive, emotionale, gefühlte, konkrete, erlebte Schwierigkeit. Die Gedanken und Interpretationen einer Person entstehen aus und sind beeinflusst von ihrer gefühlsgeprägten Art, in der jeweiligen Situation zu leben. [...] Was wir fühlen, ist kein inneres Objekt (ein „affektiver" Zustand, der nur in uns ist), sondern der Felt Sense zu einer umfassenden Situation – wie wir in dieser Situation sind, was wir hervor-bringen, was wir wahrnehmen und womit wir uns konfrontiert fühlen. [...] Dieser Felt Sense bezieht sich auch darauf, wie wir die Situation interpretiert und aufgefasst haben. Deshalb ist ein solcher Felt Sense nicht nur etwas Gefühltes, sondern auch etwas Kognitives. Vielleicht verwirrt uns, was er mit sich bringt, aber immer sind Aspekte der Interpretation, d.h. Denken, Lernen, Wahrnehmen und Verstehen in ihm impliziert." (Gendlin, 2002, S. 1)

Ausgehend von der Bedeutung der Selbstexploration, dem Konzept des Experiencing und dem Prozessmodell entwickelte Gendlin das Konstrukt des Felt Sense, dem er allerdings nicht nur theoretisch, sondern auch ganz praktisch im Veränderungsprozess und bei der Anwendung der Focusing-Methode eine Schlüsselrolle zuschreibt. Im Kern geht es dabei um implizites Erleben, das oft eher vorbegrifflich, am Rand der Gewahrwerdung, vorhanden ist. Um dieses Erleben und das damit zusammenhängende Wissen als Ressource nutzen zu können, bedarf es eines bewussten Wahrnehmens, bei dem das innere Erleben im Fokus steht und damit zu einem direkten Bezugsobjekt wird. Während des Fokussierens auf dieses innere „Etwas" entsteht demnach eine Art innerlich gefühlter Bedeutung. Gendlin bezeichnete diese zunächst als Felt Meaning und später als Felt Sense.

Der Felt Sense wird damit zu einem Bedeutungsträger, dessen impliziter Gehalt erfahrbar gemacht werden kann. Auch wenn im Felt Sense kognitive und emotionale Anteile enthalten sind, lässt er sich doch nicht in eine der bekannten Kategorien wie Denken oder Fühlen einordnen. Vielmehr ist er als eigenständige und übergeordnete Kategorie zu sehen, aus der sich Denken und Fühlen erst ableiten.

Der Felt Sense wird im Prozess zu einem Bedeutungsträger, dessen impliziter Gehalt erfahr- und nutzbar gemacht werden kann.

Dass persönliches Erleben und persönliche Lösungs- und Veränderungsprozesse nicht nur kognitiver Natur sind, sondern auch emotionale und oft körperlich spürbare Komponenten enthalten, ist weder in der Philosophie noch in der Psychologie eine neue Erkenntnis. Schon Aristoteles (384 – 322 v. Chr.) beschäftigte sich mit den Zusammenhängen zwischen seelischen und körperlichen Zuständen und der Erkenntnis, dass die Seele mit dem Körper verbunden ist. Neu ist die Verbindung, die Gendlin zwischen den unterschiedlichen Ebenen der Wahrnehmung und des Erlebens herstellt, wenn er den Felt Sense als eine physische Erfahrung, als ein körperliches Wahrnehmen einer Situation, einer Person oder eines Ereignisses beschreibt, oder als eine innere Aura, die alles umfasst, was wir zu einem bestimmten Gegenstand zu einer bestimmten Zeit fühlen und wissen (Gendlin, 1998, S. 54).

In Anlehnung an das Prozessmodell ist der Felt Sense allerdings nicht als statisches Objekt zu sehen, sondern mehr als Teil eines Prozesses, bei dem sich auch gefühlte Bedeutung selbst verändern kann, so dass wiederum neue implizite Aspekte auftauchen.

Wichtig scheint in diesem Zusammenhang, dass der Felt Sense, wie Gendlin ihn versteht, nicht gleichzusetzen ist mit Affekten oder Emotionen, wie sie sonst aus psychologischen Lehrbüchern bekannt sind. Im Gegensatz zur Emotion ist ein Felt Sense weniger eindeutig erkennbar und auch schwieriger zu beschreiben, hat aber in der Regel mehr Bedeutungsinhalt als eine Emotion.

„Der Felt Sense ist eine einzigartige Empfindung einer gesamten Subtilität und fällt somit nicht in eine uns vertraute Kategorie. Ein weiterer Unterschied zwischen einer Emotion und einem Felt Sense ist, dass eine Emotion weniger verlässlich ist als der Verstand, während ein Felt Sense verlässlicher ist als der

Verstand. Wenn wir in Wut handeln, tut es uns später oft leid, weil wir nur auf einen Teil der Situation reagiert haben. Wenn wir ruhiger sind, erinnern wir uns der gesamten Situation. Das ist der Grund weshalb eine Emotion gewöhnlich weniger verlässlich ist als der Verstand. Im Gegensatz dazu ist ein Felt Sense verlässlicher als die Vernunft, weil darin mehr Faktoren gespürt werden können, als der Verstand verarbeiten kann. Das bedeutet nicht, dass wir im Hinblick auf den Felt Sense die Vernunft und eine verantwortungsvolle Auswahl aufgeben können. Im Gegenteil, wir brauchen immer sowohl den Felt Sense und die Rationalität." (Gendlin, 1996, S. 97)

Auch wenn der Felt Sense in Gendlins Konzeption und im Focusing eine Schlüsselrolle einnimmt, sollten wir nicht übersehen, dass das Konstrukt im Rahmen psychologischer Theorien nur schwer einzuordnen ist. So scheint es angebracht, Gendlins Ansatz im größeren Zusammenhang experienzieller Theorie und Forschung zu betrachten und auch neuere neurowissenschaftliche Erkenntnisse in die Überlegungen einzubeziehen. Dazu soll das nächste Kapitel dienen, bevor wir dann zur praktischen Anwendung kommen.

4 Die Theorie des Experiencing

Die Humanistischen Psychologie des 20. Jahrhunderts ist geprägt von einer Sichtweise, die den Menschen als Gesamt-Organismus betrachtet, bei dem Geist und Materie in einer engen Wechselwirkung zueinander stehen. Mit seiner klientenzentrierten Theorie gab Rogers dem „inneren Erleben" des gesamten Organismus eine besondere Bedeutung, und Gendlin betonte mit seinem Konstrukt des Felt Sense das implizite Wissen, das sich in körperlichen Prozessen zeigt.

Während der Focusing-Ansatz in den Anfängen noch eher philosophisch und erfahrungsorientiert begründet war, wurde er später auch in der psychologischen Wissenschaft aufgegriffen und weiter ausdifferenziert, so dass wir heute sowohl auf empirische Forschungen als auch auf ausgereifte Modelle zur Theorie des Experiencing zurückgreifen können.

Die enge Verbindung von Körper und Psyche spielt nicht nur im experienziellen Konzept eine Rolle. Auch andere Schulen heben diesen Aspekt hervor. Ein Beispiel hierfür ist das Konzept der Leiblichkeit, das von Hilarion Petzold (2006) entwickelt wurde. Der Begriff des Körpers steht dabei eher für die biologischen und mechanischen Funktionsweisen einer Person, während der Begriff des Leibs die Ganzheitlichkeit des Organismus als Körper-Seele-Geist-Einheit umfasst. Das Konzept der Leiblichkeit findet unter anderem in der Leib- und Bewegungstherapie Niederschlag. Auch in der Supervision und im Coaching wird es an einigen Stellen aufgegriffen, beispielsweise in Form des „in-den-Körper-Spürens".

Im Kontext des Experiencing hat sich der Begriff des Leibs allerdings bisher nicht durchgesetzt, auch wenn das zugrunde liegende Menschenbild dem einer Körper-Seele-Geist-Einheit entspricht. Im Zusammenhang mit dem Felt Sense macht der Begriff des körperlichen Spürens deutlich, dass es dabei tatsächlich um ein physisch verankertes Erleben mit hoher Komplexität und einem hohen impliziten Bedeutungsgehalt geht.

4.1 Erkenntnisse der Forschung

Mit seinen personzentrierten Wurzeln steht das Focusing bzw. die Theorie des Experiencing in der Tradition der humanistisch ausgerichteten Ansätze, zu denen zum einen die personzentrierten, gestaltorientierten oder existenziellen Psychotherapieschulen gehören, und zum anderen die körperorientierten oder emotionsfokussierten Konzepte. Focusing und Experiencing werden dabei den prozess- und erfahrungsorientierten Ansätzen (PE, „process-experiential") zugeordnet.

Als übereinstimmende Grundannahme verbindet diese Ansätze das Verständnis des Menschen als freies Individuum, das sich nach Wachstum und Potenzialentwicklung ausrichtet. Eine weitere Gemeinsamkeit ist die, dass in der praktischen therapeutischen oder beraterischen Umsetzung das aktuelle Erleben eine wichtige Rolle spielt, um einen Zugang zu den mehr oder weniger bewussten organismischen Funktionen der eigenen Person zu erhalten. Je nach Konzept liegt der Fokus dabei auf einem eher emotionsorientierten oder einem eher phänomenologisch-symbolisierenden Vorgehen. Die Wirksamkeit dieser Ansätze, insbesondere wenn es sich um personzentrierte oder gestalttherapeutische Vorgehensweisen handelt, ist insgesamt gut belegt. Der besondere Nutzen personzentrierter und experienzieller Psychotherapien lässt sich in drei Hauptkategorien zusammenfassen:

- Klienten machen neue Erfahrungen über sich selbst und ihre Emotionen und schätzen diese Erfahrungen. Dazu gehören Aspekte wie Selbstakzeptanz, Mitgefühl mit sich selbst, Resilienz und Empowerment.
- Klienten schätzen die Erfahrungen, die sie in der Beziehung mit anderen Menschen machen, sie erleben sich unterstützt.
- Klienten ändern ihre Sicht auf sich selbst und andere.

Studienergebnisse

Die Forscher Robert Elliott, Leslie Greenberg und Germain Lietaer haben in einer Metaanalyse 112 Studien zu emotionsfokussierten und prozess-erfahrungsorientierten Therapien verglichen und zusammengefasst (Elliot et al., 2013). Die Studien gingen der Frage nach, inwieweit durch die entsprechende Therapie eine relevante Veränderung hervorgerufen werden konnte, und inwieweit diese Veränderung auch statistisch relevant ist. Als Maß für die Relevanz wurde die Effektstärke ES berechnet. Über alle 112 Studien hinweg ergab sich eine Effektstärke von ES = .99. 42 der 112 Stu-

dien wurden in dem anspruchsvollen und in der Forschung besonders anerkannten Kontrollgruppendesign durchgeführt, das einen Vergleich zwischen der Teilnahme und der Nicht-Teilnahme an einer Therapie ermöglicht. Hier wurde eine Effektstärke von ES = .89 berechnet. Beide Werte gelten als statistisch signifikant, und belegen eine durch die Therapie hervorgerufene relevante Veränderung. Zu ähnlichen Ergebnissen kommt auch eine Übersichtsstudie von Mick Cooper, Jeanne Watson und Dagmar Hölldampf (2010), so dass die Wirksamkeit erfahrungsorientierter Therapien als gesichert betrachtet werden kann. Diejenigen, die diese Therapien nutzen, erleben durch die Therapie hilfreiche persönliche Veränderungen, die auch nach einer längeren Zeit noch positive Auswirkungen haben.
Speziell auf Focusing bezogene Übersichtsstudien wurden unter anderem von Bala Jaison und Mary Lawlor (1996), Marion Hendricks (2002) und Campbell Purton (2004) durchgeführt. Diesen Studien folgend, können bei erfolgreichen Therapien mehr Focusing-Elemente beobachtet werden als bei nicht-erfolgreichen Therapie-Verläufen. Ergänzend ist bei einem Großteil der positiv verlaufenden Therapiesitzungen ein intensives Experiencing der Klienten zu beobachten, bei dem sie Aspekte ihres Themas oder Problems erkennen, die zuvor noch nicht im Bewusstsein waren.

Daneben lassen auch die Erkenntnisse der allgemeinen Psychotherapieforschung einige Rückschlüsse zu. Mehrere Studien zeigen auf, dass eine spezifische Fokussierung auf Emotionen der Klienten mit positiven Behandlungsergebnissen korreliert. So können, unabhängig von anderen Faktoren, ca. 30% des Behandlungserfolgs auf eine solche Fokussierung auf die emotionale Ebene zurückgeführt werden (Benecke, 2014). Im Detail zeigt sich, dass insbesondere Interventionen, die bei Klienten eine affektive Reaktion hervorrufen, ein gutes Therapieergebnis und eine dauerhafte Veränderung fördern. Der Veränderungsprozess verläuft dabei allerdings nicht stringent linear, sondern spielt sich vielmehr in kleinen Schritten nach einer Art „2-Schritte-vorwärts-1-Schritt-zurück"-Muster ab. Bei der Fokussierung auf die Emotionen des Klienten können zwei unterschiedliche Varianten zum Zug kommen: Zum einen können die Emotionen kognitiv-rational besprochen werden, um ihre Bedeutung zu erkunden, und zum anderen können sie im Rahmen der Therapie auch direkt aktiviert und im Erleben bearbeitet werden.

„Günstig für den späteren Behandlungserfolg scheint insgesamt ein „moderate amount of expressed emotional arousal" zu sein, während „too much or too little emotion was found not to be helpful." [...] Hohe Levels des Emotional Experiencing [...] zeigen einen robusten Zusammenhang mit dem Therapieerfolg [...] Im Verlauf von erfolgreichen Behandlungen steigt das Level des Emotional Experiencing bzw. des Emotional Processing deutlich an." (Benecke, 2014, S. 640)

Allerdings werden zur Einbeziehung der Emotionen auch negative Effekte berichtet, wie z.B. fehlende Lösungsorientierung, überwältigendes Problemerleben oder ein Erschrecken angesichts emotional belastender Themen. Deswegen ist in der Therapie zwischen produktiven und unproduktiven emotionalen Erfahrungen zu unterscheiden und auf einen konstruktiven und lösungsorientierten emotionalen Prozess zu achten. Dieser ist in der Regel dann gegeben, wenn die Klienten in Kontakt mit ihrem körperlich spürbaren Erleben kommen, ohne allerdings von diesem überwältigt zu werden.

Entgegen der anfänglich von Gendlin formulierten Annahme, dass Focusing ein für alle Klienten gleichermaßen geeignetes Verfahren darstelle, zeigt sich bei den Untersuchungen auch, dass bestimmte Klientenmerkmale Einfluss auf das Gelingen eines Focusing haben. So gilt als wichtige Voraussetzung, dass Klienten über ein durchschnittliches oder hohes Ausmaß an Selbstexplorationsfähigkeit verfügen, sich also ausreichend und angemessen mit sich selbst und dem eigenen inneren Erleben auseinander setzen können. Umgekehrt können Abwehr, Widerstand oder Angst gegenüber der Beschäftigung mit bestimmten Inhalten zu aversiven Gefühlszuständen führen, die einen erfolgreichen experienziellen Prozess verhindern oder beeinträchtigen. Ähnliches gilt für Menschen mit psychosomatischen Beschwerden: Hier zeigt sich ein im Vergleich zum Durchschnitt der Bevölkerung weniger erfolgreicher Verlauf des Veränderungsprozesses (Sachse et al., 1992).

Einschränkend sei noch darauf hingewiesen, dass die Erkenntnisse der Forschung sich überwiegend auf den psychotherapeutischen Bereich beziehen. Differenzierte Analysen, die eine Aussage zu Coachingprozessen oder zu arbeitsweltbezogener Beratung enthalten, stehen derzeit noch nicht zur Verfügung. Eine Übereinstimmung mit der allgemeinen Coachingforschung ergibt sich allerdings hinsichtlich der Beziehungsqualität zwischen Therapeut bzw. Coach und Klient. Hier bestätigt sich die sowohl von Rogers als auch von Gendlin betonte Notwendigkeit einer positiven Beziehungsgestaltung und einer kongruenten, wertschätzenden und empathischen Haltung seitens des Therapeuten/Coach. Sie ist als zentrale Rahmenbedingung für gelingende Coachingprozesse unabdingbar, denn erst hier kann Implizites expliziert werden und ein vertieftes Verstehen stattfinden, das einen vorwärts tragenden Prozess ermöglicht.

> **!** Die Einbeziehung emotions- und erlebensbezogener Aspekte fördert die Selbstakzeptanz und Resilienz und bestärkt die Klienten im Entwickeln eigener Lösungen.

4.2 Theoretische Modelle zur Erklärung

In der kritischen Auseinandersetzung mit Gendlins Felt-Sense-Konzept fallen drei Aspekte auf, die eine schlüssige theoretische Begründung des Felt Sense erschweren:

- Aus der Entwicklungspsychologie und der Kognitionspsychologie wissen wir, dass kognitive innere Verarbeitungsstrukturen grundlegend für die menschliche Entwicklung sind. Das heißt, dass in unserem kognitiven Verarbeitungssystem bestimmte innere Arbeitsmodelle oder Schemata ausgebildet sind, nach denen wir die Umwelt und die Ereignisse um uns herum wahrnehmen und verarbeiten. Diese Schemata bleiben bei Gendlin außen vor, so dass nicht klar wird, wie der Felt Sense und die Symbolisierung hierzu eingeordnet werden sollen.
- Auch das Verhältnis zwischen Felt Sense und Symbolisierung bleibt in gewisser Weise unklar. Wenn im Focusingprozess ein „Griff" für den Felt Sense gefunden werden soll, versteht Gendlin diesen Griff nicht nur als Metapher für ein Gefühl, sondern als eine Symbolisierung eines umfassenden Erlebens. Dazu bedürfte es allerdings einer Verortung in einem zugrundeliegenden Konzept.
- Wünschenswert wäre zudem, dass der Felt Sense nicht einfach als eigene übergeordnete Kategorie jenseits von Emotion und Kognition verstanden wird, sondern dass in einem theoretischen Modell auch nachvollziehbar wird, wie genau der Felt Sense im Blick auf allgemein anerkannte Emotionstheorien und Kognitionstheorien eigeordnet werden kann.

Exkurs: Emotionen und Affekte

In den humanistischen und in den psychodynamisch ausgerichteten psychologischen Theorien nehmen Emotionen und Affekte in der Regel eine bedeutsame Rolle ein, und gleichzeitig werden diese Begriffe in den unterschiedlichen Schulen teilweise unterschiedlich konzeptualisiert. Weil sie auch bei den theoretischen Modellen zum Felt Sense und zum Experiencing eine Rolle spielen, soll hier ein kurzer Exkurs helfen, die Begriffe Emotion und Affekt entsprechend einzuordnen (vgl. Ryba, 2018; Sachse & Langens, 2014; Benecke, 2014).

Wenn wir umgangssprachlich von Gefühlen reden, können damit sowohl Emotionen als auch Affekte gemeint sein. Als Emotionen bezeichnen wir in der Regel mentale Zustände, die von inneren Bewertungen, motivationalen Prozessen und Handlungsbereitschaften ausgelöst werden. Sie können uns teilweise bewusst sein, in anderen Teilen sind sie unserem Bewusstsein allerdings nicht zugänglich. Bei diesen Zuständen und Prozessen sind auch neuronale und physiologische Mechanismen beteiligt, so dass Emotionen manchmal auch von körperlichen Veränderungen oder Ausdruckserscheinungen und von Handlungsimpulsen begleitet werden.

Im personzentrierten Konzept ist mit dem Gefühl in der Regel eine bewusst erlebte Emotion gemeint. Fühlen wird also verstanden als eine emotional gefärbte Erfahrung einschließlich ihres kognitiven Inhalts und ihrer persönlichen Bedeutung. Gefühle sind damit eine nützliche Informationsquelle für unseren Organismus. Sie helfen uns dabei, herauszufinden, was für uns persönlich bedeutsam, gut oder schlecht ist.

Der Begriff Affekt wird in der Psychologie mit zwei unterschiedlichen Bedeutungen verwendet: Zum einen wird er als Synonym für Emotion gebraucht, vor allem dann, wenn es um die Betonung unbewusster Aspekte der Emotionen geht. Zum anderen wird er verwendet, um etwas zu beschreiben, was eher einer Stimmung entspricht, also einem länger anhaltenden Zustand, der im Gegensatz zu einer Emotion weniger intensiv ist und sich nicht direkt auf ein bestimmtes Objekt oder Thema bezieht. Stimmungen werden meist als angenehm oder unangenehm erlebt, sind aber für die Person nicht mit einer starken physiologischen Aktivierung verbunden. Affekte im Sinn von Stimmungen entstehen als Ergebnis sogenannter präkognitiver Wahrnehmungs- und Verarbeitungsprozesse, sind also den weniger bewussten Ebenen unseres Seins zuzuordnen, und sind im Gegensatz zu Emotionen schwerer zu benennen und zu verstehen.

In der experienziellen Theorie wird den Affekten eine wichtige Rolle beigemessen. Affekte werden dort verstanden als eine implizite und damit nicht vollständig explizierbare Wissensform, die komplexe Erlebens- und

Wissensbestände verarbeitet. Sie können auch als diffuse körperliche Reaktion wahrgenommen werden, bei der die Person zwar spürt, dass diese Reaktion eine gewissen Bedeutung hat, ohne diese Bedeutung jedoch leicht entschlüsseln zu können. Deswegen wird im experienziellen Konzept oft von einem körperlich gespürten Gefühl gesprochen. So werde ich auch im weiteren Verlauf dieses Buchs vom Gefühl als übergeordnete Kategorie sprechen, die sowohl Emotionen als auch Affekte im Sinn eher diffuser, aber oft körperlich spürbarer innerlicher Reaktionen umfasst.

Psychologische Theorie des Focusing

Die Autoren Rainer Sachse, Almut Atrops, Frank Wilke und Claudia Maus (1992) entwickelten vor dem Hintergrund der offenen Fragen Gendlins Konzept zu einer psychologischen Theorie des Focusing weiter. Sie unterscheiden in ihrer Theorie zwischen der affektiven und der kognitiven Informationsverarbeitung und verstehen den Prozess, der zu einem Felt Sense führt, als Prozess der motivational-affektiven Informationsverarbeitung. Den affektiven Faktoren schreiben sie in Veränderungs- und Entscheidungsprozessen eine wichtige Rolle zu. Dabei gehen sie davon aus, dass Affekte sich auf vielfältige Art zeigen können, unter anderem auch in körperlichen, motorischen oder somatischen Reaktionen.

Als zentrale theoretische Grundannahme gehen Sachse et al. (1992) davon aus, dass in unserer Reaktion auf die Umwelt sowohl eine kognitive als auch eine affektive Verarbeitung stattfindet, und dass diese beiden Verarbeitungsstränge teilweise unabhängig voneinander verlaufen. Teilweise unabhängig deswegen, weil die affektive Verarbeitung zwar unabhängig von der kognitiven Verarbeitung stattfinden kann, aber nicht zwingend unabhängig sein muss. Wenn bei der Verarbeitung von Problemen aber die affektiven und die kognitiven Prozesse tatsächlich unabhängig voneinander stattfinden, führt das regelmäßig dazu, dass Klienten affektive Reaktionen haben, die sie rational nicht nachvollziehen können. Nach Beobachtung der Autoren ist das besonders häufig bei persönlichen Problemen der Fall.

Gleichzeitig geht man davon aus, dass auch unser affektives Verarbeitungssystem einer bestimmten Disposition im Sinn affektiver Schemata folgt. In der Regel findet dieser Prozess unbewusst und quasi automatisch statt, allerdings spüren wir die Effekte der Verarbeitung, z.B. in Form von Unbehagen, Anspannung oder inneren Impulsen.

„Die affektiven Verarbeitungen [...] führen zu Affekten: Diese sind noch keine Emotionen im engeren Sinne, gehen aber als affektive Bewertungen in die Emotionsgenese ein. [...] Affekte sind sehr unterschiedlich und variabel: Es kann sich dabei um körperlich gut spürbare Reaktionen handeln wie Verspannung im Nacken, Druck im Bauch, Druck auf der Brust, aber auch um „Stimmungen", wie dem „Gefühl des diffusen Unbehagens", dem Gefühl, „irgendetwas stimmt nicht" etc. [...] Diese Affekte sind nicht einfach körperliche Reaktionen, sondern sie sind hoch informative Signale: Sie signalisieren das Ergebnis affektiver Verarbeitungsprozesse und enthalten damit affektive Bedeutungen. [...] Gendlin nennt diese Affekte „felt senses" („gefühlte Sinne" oder „gefühlte Bedeutungen")." (Sachse & Fasbender, 2011, S. 132)

Es ist davon auszugehen, dass affektive Verarbeitungsprozesse bereits früh in der Biographie angelegt werden, und dass die entsprechenden Erfahrungen und Interpretationen in Form affektiver Schemata gespeichert werden. Später können sie durch Situationskomponenten wieder aktiviert werden, die den Situationen bei ihrer Entstehung ähnlich sind. Je nachdem, ob die Erfahrungen positiv oder negativ waren, führen die Schemata dann in der aktuellen Situation zu unterschiedlichen Affekten.

Gleichzeitig spielen im theoretischen Modell auch die in die Zukunft gerichteten Handlungsimpulse und Wunschvorstellungen einer Person eine bedeutende Rolle. Die Handlungsimpulse gehen zurück auf persönliche Ziele und Motive und fungieren quasi als individuelle Wertungsdisposition, nach der eine Person die Ereignisse um sie herum als positiv oder aversiv einordnet. So kommt es dann zu einer motivational-affektiven Verarbeitung, deren Ziel es ist, das Wohlergehen der eigenen Person und eine Kompatibilität mit den eigenen Motiven sicherzustellen.

Die Schwierigkeit affektiver Verarbeitungsschemata liegt nun zunächst darin, dass sie kognitiv nicht oder nur teilweise repräsentiert sind und damit auch nicht über Sprache ausgedrückt und bearbeitet werden können. Ziel eines beraterischen oder therapeutischen Prozesses ist daher, einen Zugang zu den affektiven Inhalten zu erhalten, so dass sie sprachlich ausgedrückt werden können, denn erst durch den sprachlichen Ausdruck wird es möglich, diese Inhalte zu verstehen, darüber zu kommunizieren und sie zu bearbeiten. Es bedarf also eines Übersetzungsprozesses, der die affektiven Prozesse so aufbereitet, dass sie kognitiv erfasst werden können. Das Focusing bzw. die Arbeit mit dem Felt Sense kann als solcher Übersetzungsprozess verstanden werden. Er besteht aus mehreren kleinen Schritten.

Sachse & Fasbender (2011) beschreiben diesen Prozess, der zu einer kognitiven Abbildung affektiver Schemata führt, analog zu den Focusing-Schritten, dargestellt in Tabelle 1.

Tabelle 1: Übersetzungsprozess affektiver Schemata

Affektive Verarbeitung	Vorgehen im Focusing
Das affektive Schema aktivieren und die ganze Zeit über aktiviert halten, damit affektive Bedeutungen spürbar sind.	Innerlich Raum schaffen, die Aufmerksamkeit auf das aktuelle Erleben und die vage körperliche Empfindung richten, bei ihr verweilen.
Die affektiven Bedeutungen im Fokus der Aufmerksamkeit halten und sie als Vergleichsmaßstab für gefundene kognitive Bedeutungen nutzen.	Den Felt Sense entstehen lassen als etwas, das noch nicht in Worte gefasst werden kann, aber offensichtlich eine Bedeutung hat.
Eine intuitiv-holistische Suche nach passenden kognitiven Elementen starten, die ähnliche Bedeutungen aufweisen wie die gespürten affektiven Bedeutungen.	Einen „Griff" finden, eine Symbolisierung, die dem Ausdruck verleiht, was schwer auszudrücken ist.
Gefundene kognitive Elemente mit den gespürten affektiven Bedeutungen vergleichen und auf ihre Passung hin untersuchen. Gegebenenfalls weitere kognitive Elemente suchen, so dass die affektive Bedeutung möglichst gut kognitiv abgebildet werden kann.	Die Stimmigkeit zwischen dem Griff und dem Felt Sense überprüfen und gegebenenfalls ein noch besser passendes Wort oder Bild finden.

Das Ergebnis eines solchen Prozesses ist in der Regel ein unmittelbares Verstehen des affektiven Schemas in Form eines Aha-Erlebnisses oder einer neuen Erkenntnis, die gleichzeitig eine emotionale Erleichterung mit sich bringt. Diesen Moment bezeichnet Gendlin als Felt Shift. Dadurch ist das zu bearbeitende Problem zwar noch nicht automatisch gelöst, die Richtung des Lösungsansatzes ist jedoch bereits erkennbar. Die Repräsentation der affektiven Schemata ermöglicht dem Klienten, eine Verbindung zwischen Kognition und Affekt herzustellen und das dabei entstandene Ergebnis weiter zu bearbeiten.

Prozess-experienzielle Theorie der Emotionsfokussierten Therapie

Einen anderen Weg der theoretischen Modellentwicklung beschritten Leslie Greenberg, Laura Rice und Robert Elliot (2003), die den Prozess-experienziellen Ansatz der Emotionsfokussierten Therapie (PE-EFT) entwickelten. Für sie stand weniger der Felt Sense im Vordergrund, sondern mehr die Beobachtung, dass sich diejenigen therapeutischen Verfahren als besonders effektiv erwiesen, bei denen Klienten ihr inneres Erleben und insbesondere ihre Emotionen verbalisieren konnten. Immer wieder konnte beobachtet werden, dass Emotionen und Affekte beim Verarbeiten eine zentrale Rolle einnehmen, und dass sie eng mit dem Verhalten und der Motivation verknüpft und ebenso eng mit der Kognition verflochten sind. In der Praxis waren damit die affektiv-motivationalen und die kognitiven Aspekte von Erlebnissen kaum voneinander zu trennen. Vor diesem Hintergrund entwickelte Greenberg eine Emotionstheorie, die sich aus zwei Teilkonzepten zusammensetzt: den emotionalen Schemata und unterschiedliche Formen emotionaler Reaktionen.

Als emotionale Schemata werden implizite, individuelle Strukturen des Erlebens bezeichnet, die dem Bewusstsein zwar nicht unmittelbar zugänglich sind, aber doch an komplexen selbstorganisierenden Prozessen beteiligt sind.

> *„Im Unterschied zu kognitiven Schemata bestehen emotionale Schemata zu weiten Teilen aus nonverbalen, affektiven Elementen (Input), wie Körperempfindungen, Handlungsimpulsen, Bildern oder Gerüchen […] Im Kern sind sie wortlose Geschichten unserer gelebten emotionalen Erfahrung." (Auszra et al., 2017, S. 27)*

Die unterschiedlichen emotionalen Schemata führen auch dazu, dass unterschiedliche emotionale Reaktionen ausgelöst werden. In der PE-EFT wird zwischen vier Formen der Reaktion unterschieden:

1 Primäre adaptive emotionale Prozesse: Sie sind eine direkte und nützliche Reaktion auf eine Situation, wie z.B. Ärger als Reaktion auf Verletzung durch andere.
2 Sekundäre reaktive emotionale Prozesse: Sie folgen auf eine vorhergehende primäre Emotion und ergänzen diese. So kann beispielsweise Ärger als Reaktion auf primäre Angst oder Traurigkeit auftreten.

3 Primäre maladaptive emotionale Prozesse: Diese sind ebenfalls als direkte Reaktion zu verstehen, basieren aber auf einem erfahrungsbasierten falschen Verständnis und erscheinen so maladaptiv und dysfunktional.
4 Instrumentelle emotionale Prozesse: Das sind emotionale Zustände, die nach außen dargestellt werden, um andere Menschen zu beeinflussen. Sie entsprechen aber nicht unbedingt dem inneren emotionalen Erleben. Ein Beispiel dafür sind „Krokodilstränen" für instrumentelle Traurigkeit.

Im Zentrum beraterischer oder therapeutischer Arbeit steht vor diesem Hintergrund weniger das jeweilige emotionale Schema, sondern mehr das Wahrnehmen und Bearbeiten der eigenen emotionalen Reaktion, um sie entweder flexibel nutzen zu können oder sie mithilfe von alternativen, adaptiven emotionalen Reaktionen zu verändern. Neues entsteht dann, wenn Klienten lernen, ihr Erleben kontinuierlich aufmerksam zu verfolgen und sich dadurch seiner verschiedenen Aspekte bewusst zu werden, diese zu symbolisieren und weiterzuentwickeln. Durch Selbstreflexion, experienzielles Erforschen des inneren Erlebens und die Suche nach Worten für das Unklare soll eine bewusste Emotions-Wahrnehmung gefördert werden.

> **!** Neues entsteht dann, wenn Klienten lernen, ihr Erleben kontinuierlich aufmerksam zu verfolgen und sich dadurch der verschiedenen Aspekte des Erlebens bewusst zu werden, diese zu symbolisieren und weiterzuentwickeln.

4.3 Körperorientierung, Achtsamkeit und Neurowissenschaften

Unterstützung erhält das experienzielle Konzept bzw. die Ausrichtung auf das körperliche Erleben auch durch aktuelle neurowissenschaftliche Erkenntnisse, nach denen menschliches Erleben und Verhalten überwiegend durch unbewusste, vegetativ-somatische Prozesse beeinflusst wird. Vor allem Forschungen im Bereich der künstlichen Intelligenz legen nahe, dass Affekte und Emotionen Einfluss auf die Kognition nehmen, und dass menschliche Intelligenz einen Körper benötigt, um sich überhaupt entfalten zu können.

Zur Rolle des Körpers betont der Neurowissenschaftler Antonio Damasio (1994), dass sowohl kognitive Entscheidungsprozesse als auch emotionale Wahrnehmungen von Körperempfindungen beeinflusst werden. Seiner Beobachtung zufolge werden Handlungsentscheidungen erst dann getroffen, wenn sie in einer Als-ob-Schleife kognitiv durchgearbeitet und anhand einer somatischen Rückmeldung als stimmig bewertet werden. Auch das von Gerhard Roth und Alica Ryba (2016) entwickelte Vier-Ebenen-Modell der Persönlichkeit und Psyche verdeutlicht den Zusammenhang der unterschiedlichen Wahrnehmungsebenen. Das Modell beschreibt unterschiedliche anatomische und funktionale Gehirnebenen bzw. neuroanatomische Strukturen, die für vier unterschiedliche Funktionen der Persönlichkeit stehen:

1. Untere limbische Ebene (limbisch-vegetative Grundachse): Hier sind Mechanismen angesiedelt, die der Lebenserhaltung und der Erfüllung primärer körperlicher Bedürfnisse dienen. Ebenso finden sich hier genetisch oder vorgeburtlich geprägte Persönlichkeitsmerkmale des Temperaments. Die auf dieser Ebene stattfindenden Prozesse sind in der Regel unbewusst und von außen quasi nicht veränderbar.
2. Mittlere limbische Ebene (Amygdala, mesolimbisches System): Hier geht es um Prägungen und Erfahrungen der ersten drei Lebensjahre. Diese Erfahrungen prägen sich tief ein und bestimmen die primäre Sozialisation, sind aber in der Regel später nicht erinnerbar, so dass sie ebenfalls zum Bereich des Unbewussten zählen.
3. Obere limbische Ebene (limbische Areale der Großhirnrinde): Die hier vollzogenen Abläufe haben zum Ziel, die primäre Persönlichkeit mit den Erfordernissen des sozialen Zusammenlebens in Einklang zu bringen. Dies umfasst Aspekte wie Kooperativität, Rücksichtnahme, Empathie, Kompromissfähigkeit, Zielstrebigkeit, Selbstwirksamkeit, Durchsetzung. Die Prozesse finden bewusst und vorbewusst statt, was bedeutet, dass die Inhalte vom Arbeitsgedächtnis in das Langzeitgedächtnis absinken, so dass sie nicht mehr automatisch erinnert werden. Sie werden im Modell als das „tiefe Vorbewusste" bezeichnet.
4. Kognitiv-sprachliche Ebene (sechsschichtige Großhirnrinde, Neocortex): Hier finden Erfahrungs- und Wissenserwerb statt, und ebenso Kommunikation, sachliches Denken, Handlungsplanung. Emotionen sind dieser Ebene nicht zugeordnet, sie werden von den Instanzen der oberen limbischen Ebene hinzugefügt.

Die Autoren des Modells betonen, dass die kognitiv-sprachliche Ebene regelmäßig von den limbischen Ebenen beeinflusst wird, dass umgekehrt aber die kognitiv-sprachliche Ebene kaum Einfluss auf die limbischen Ebenen und die damit verbundenen emotionalen Zustände nehmen kann. Ergänzend legt die neurowissenschaftliche Forschung nahe, dass das limbische System in der Regel stark auf Bilder, Emotionen und physiologische Veränderungen reagiert und diese gleichzeitig induziert. Insofern ist auch aus neurowissenschaftlicher Sicht klar, dass erst die Berücksichtigung der limbischen Ebenen und das Arbeiten mit den dort stattfindenden Prozessen eine nachhaltige Veränderung der kognitiven Muster ermöglicht.

Insgesamt ist in dem Vier-Ebenen-Modell eine weitgehende Parallele zu personzentrierten und experienziellen Konzepten zu erkennen, bei denen das organismische Erleben bzw. Experiencing unterschiedliche Ebenen der Wahrnehmung und Verarbeitung umfasst. Veränderung ist dabei so konzipiert, dass die „unten liegenden" (tiefer liegenden, verdeckten, impliziten) Ebenen der Persönlichkeit die weiter „oben liegenden" (bewussteren) Ebenen beeinflussen und somit nachhaltige Veränderung „von unten nach oben" stattfindet. So schlagen sowohl experienziell ausgerichtete Ansätze als auch die Neurowissenschaften Methoden und Interventionen vor, die körperliches Erleben und Emotionen berücksichtigen und damit versuchen, auch Aspekte, die dem Bewusstsein nicht so leicht zugänglich sind, zu nutzen. Dazu gehören beispielsweise Body-Scans, Visualisierungen, oder die Arbeit mit Bodenankern und Stühlen, die ich später im Zusammenhang mit den methodischen Impulsen (Kapitel 7) noch vorstellen werde.

Im therapeutischen Bereich existieren neben dem Focusing noch andere und teilweise weiter verbreitete Verfahren, die den Körper bewusst einbeziehen in die therapeutische oder beraterische Arbeit. Im Wesentlichen lassen sich dabei vier Strömungen unterscheiden (Geuter, 2015):

1 Affektorientierte Therapie, deren Grundstein der Freud-Schüler Wilhelm Reich (1897-1957) mit der Entwicklung der Vegetotherapie legte. Daraus entstanden später der bioenergetische Ansatz, der Körperlesen, bioenergetische Übungen und Charakteranalyse miteinander kombiniert und die Technik der biodynamischen Entspannung, bei der durch Entspannung und Massage unterschwellig unterdrückte emotionale Muster beeinflusst werden sollen.
2 Wahrnehmungsorientierte Therapie, bei der die erfahrungsorientierte Selbsterforschung im Mittelpunkt steht. Hierzu zählen neben dem Focusing unter anderem die Konzentrative Bewegungstherapie, die Funktionelle Entspannung und die Hakomi-Methode. Ähnlich dem Focusing widmet sich auch die Hakomi-Methode der Wahrnehmung der aktuellen körperlichen Erfahrung. Sie führt dazu eine Art inneren Beobachter ein, der dem Klienten ermöglicht, sich von seinem aktuellen Erleben innerlich zu distanzieren und

es doch gleichzeitig durchzuarbeiten. Beim Gewinnen neuer Einsichten wird Wert darauf gelegt, dass diese vom ganzen Leib gespürt werden können. Insgesamt geht es hier darum, über Wahrnehmung und innere Achtsamkeit einen Zugang zum Unbewussten bzw. Vorbewussten schaffen und innere affektiv-körperliche Reaktionen im Hier und Jetzt erkunden. Daraus können dann Überlegungen für weitere Schritte abgeleitet werden.

3 Beziehungsorientierte Therapie: Zu erwähnen ist hier in erster Linie die Analytische Körperpsychotherapie, bei der der Körper als Medium angesehen wird, um Zugang zu verinnerlichten Beziehungserfahrungen zu erhalten.

4 Bewegungsorientierte Therapie, die sich an tanztherapeutischen Ansätzen orientiert und deren Ziel es ist, inneres Erleben in Bewegungen und/oder Sprache auszudrücken und so den Kontakt zu sich selbst und anderen zu verbessern.

Ähnlich wie bei Gendlins Focusing-Ansatz greifen diese körperorientierten Konzepte oft zurück auf philosophische Sichtweisen der Phänomenologie. Ebenso ergibt sich immer wieder eine Parallele zum Konzept der Leiblichkeit, wenn es um das von innen wahrgenommene subjektive Körpererleben geht. So könnte der Felt Sense auch als ein Aspekt des Embodiment im Sinn von Leibphänomenen verstanden werden, bei denen das kognitive System in Bezug zum gesamten Körper steht. Gleichzeitig stellt sich der Felt Sense, wie Gendlin ihn konzipiert, aufgrund des impliziten Informationsgehalts sehr komplex dar, so dass es zu kurz greifen würde, ihn als reines Leibphänomen zu begreifen.

Ein für das Focusing ebenfalls hilfreiches Konzept ist das der Achtsamkeit, das allgemein einen Zustand besonderer Geistesgegenwart beschreibt. Bei Achtsamkeitsübungen geht es darum, die Aufmerksamkeit auf den gegenwärtigen Moment zu lenken, und zwar so gut es geht ohne eine Bewertung der Erfahrungen. Mit Übungen der Achtsamkeit wird das Ziel verfolgt, sich den aktuellen Gefühlen, Gedanken und Körperempfindungen zuzuwenden und gleichzeitig eine angemessene innere Distanz zu ihnen einzuhalten, so dass eine beobachtende Haltung gegenüber dem eigenen inneren Erleben möglich wird. Auch wenn das Konzept der Achtsamkeit sich nicht direkt auf das körperliche Erleben bezieht, zeigt die Achtsamkeitsforschung, dass die bewusste und freundliche Wahrnehmung der gegenwärtigen Erfahrung hilfreich ist, um die Selbstwahrnehmung zu fördern und gleichzeitig eine angemessene Distanz zu dem aktuellen inneren Erleben beizubehalten. So haben einige Achtsamkeitsübungen eine gewisse Ähnlichkeit mit dem ersten Focusing-Schritt des Raum-Schaffens, den wir im nächsten Kapitel kennen lernen werden. Zudem können Achtsamkeitsprogramme experiencingorientiert umgesetzt werden, indem die gegenwärtige Erfahrung bewusst genutzt wird, um einen Felt Sense entstehen zu lassen.

5 Focusing als Methode

„Focusing ist eine Form nach innen gerichteter körperlicher Aufmerksamkeit [...] Es unterscheidet sich von der Aufmerksamkeit, die wir unseren Gefühlen normalerweise schenken, weil es – beginnend mit körperlichen Erfahrungen – in der Zone zwischen dem Bewussten und dem Unbewussten geschieht.“ (Gendlin, 1996, S. 11)

Nachdem ich bisher die theoretische Konzeption des Focusing und des Experiencing vorgestellt habe, stellt sich die Frage nach der praktischen Anwendung und Umsetzung. Auch wenn Focusing nicht die einzige Möglichkeit ist, Experiencingprozesse zu fördern, ist es doch hilfreich, zunächst die methodischen Grundlagen des Focusing zu verstehen und sie auch anwenden zu können.

Generell wird Focusing in der beraterischen oder therapeutischen Praxis dann als sinnvolles Angebot erachtet, wenn bei der Bearbeitung eines Themas der Eindruck entsteht, dass da noch mehr Faktoren eine Rolle spielen, oder dass in der Klientin noch mehr vorgeht, als im Augenblick erfasst werden kann. Ebenso hilfreich kann Focusing sein, wenn es um Aspekte geht, die momentan sprachlich nicht ausgedrückt werden können, für die die Klientin keine Worte findet. Focusing ist dabei nicht als eine eigenständige Therapierichtung oder Beratungsmethode zu verstehen, sondern als eine Technik, die beispielsweise innerhalb eines personzentrierten oder eines verhaltensorientierten oder psychodynamischen Rahmens eingesetzt werden kann.

Weiterführende Literatur und Informationsquellen zum Focusing:

- *Einen großen Fundus an Information bietet die Webseite des International Focusing Institute in New York: www.focusing.org*
- *Eugene T. Gendlin (1998): Focusing. Selbsthilfe bei der Lösung persönlicher Probleme. Rowohlt Taschenbuch Verlag.*
- *Christine le Coutre (2016): Focusing zum Ausprobieren. Eine Einführung für psychosoziale Berufe. Ernst Reinhardt Verlag.*
- *Klaus Renn (2016): Magische Momente der Veränderung. Was Focusing bewirken kann. Eine Einführung. Kösel Verlag.*
- *Eugene T. Gendlin und Johannes Wiltschko (2016): Focusing in der Praxis. Eine schulenübergreifende Methode für Psychotherapie und Alltag. Klett-Cotta Verlag.*

- *Eugene T. Gendlin und Johannes Wiltschko (2016): Focusing in der Praxis. Eine schulenübergreifende Methode für Psychotherapie und Alltag. Klett-Cotta Verlag.*

5.1 Vom Felt Sense zum Felt Shift

Focusing besteht zunächst darin, Zeit mit etwas körperlich Empfundenem, aber Unklarem zu verbringen, bis dieses Unklare in den Fokus kommt. Es lässt sich vergleichen mit dem Fokussieren des Objektivs bei einer Kamera: Wir bleiben so lange auf das Objekt unseres Interesses fokussiert, bis das Objektiv so klar ausgerichtet ist, dass das Objekt klare Konturen bekommt.

Die Grundidee des Focusing besteht darin, dass persönliche Veränderung und Entwicklung in einer Interaktion zwischen einem äußeren und einem innerem Erlebensgebiet zustande kommen, also dass die äußeren Wahrnehmungen und das innere Erleben so miteinander in Kontakt kommen, dass daraus neue Erkenntnisse und neue Ideen entstehen. Eine besondere Rolle spielt dabei die Grenzzone zwischen dem Bewussten und dem Unbewussten, die oft auch als Rand des Erlebens bezeichnet wird und nicht nur mit Gedanken und Wahrnehmungen, sondern auch mit einem konkret gespürten Körpererleben einhergeht. Wichtig ist dann, die körperliche Wirkung des Themas zu erkennen und zunächst bei ihr zu verweilen. Gendlin bezeichnet diesen Vorgang als ein direktes Spüren in der Grenzzone, als eine somatische Empfindung, die sich auf die Schicht des Unbewussten bezieht, die wahrscheinlich als nächstes an die Oberfläche kommt. Dabei entsteht ein direkter körperlicher Bezugspunkt, der Felt Sense. Er ist spürbar, kann aber in diesem Moment noch nicht näher spezifiziert oder interpretiert werden.

> **!** Focusing bewegt sich an der Grenzzone zwischen dem Bewussten und dem Unbewussten, die oft auch als Rand des Erlebens bezeichnet wird und nicht nur mit Gedanken und Wahrnehmungen, sondern auch mit einem konkret gespürten Körpererleben einhergeht.

Im Prozess des Focusing gilt es zunächst, sich diesem körperlich spürbaren „Etwas“ interessiert zuzuwenden, sozusagen Zeit mit ihm zu verbringen. Im Rahmen dieses Verweilens bei dem körperlichen Empfinden beginnt dann die Suche nach einem Symbol, das die gefühlte Bedeutung des körperlichen Empfindens möglichst passend wiedergibt. Wenn diese Symbolisierung gelingt, tauchen in der Regel Facetten des Themas oder des Problems auf, die bisher unklar waren. Diese neuen Facetten können in das bewusste Erleben integriert werden, und in der Regel empfindet die Person dann eine unmittelbare Erleichterung, die als Felt Shift bezeichnet wird.

Ziel des Focusing ist damit, im ersten Schritt die „gefühlte Bedeutung" zu symbolisieren, denn diese Bedeutung enthält sehr wahrscheinlich auch Hinweise auf den Kern oder die Besonderheit des Problems oder Themas, oder auf ein Bedürfnis, das mit diesem Problem verbunden und noch nicht erfüllt ist. Und im zweiten Schritt geht es dann darum, im Zusammenhang mit dem Entstehen des Felt Shift eine erste Lösungsrichtung zu entdecken.

5.2 Focusing-Schritte

Um zum Felt Sense und weiter zum Felt Shift zu gelangen, hat Gendlin eine konkrete Prozessanleitung ausgearbeitet. Sie beschreibt die einzelnen Schritte, nach denen im Focusing vorgegangen werden kann, und sie verdeutlicht die inneren Abläufe in der Person, die das Focusing durchführt. Das Vorgehen lässt sich anhand von sechs Schritten gliedern, die in der Praxis fließend ineinandergreifen können.

1 **Raum schaffen:** Ein Focusingprozess beginnt in der Regel mit einer Entspannungsübung, die dazu verhilft, innezuhalten und die Aufmerksamkeit auf den Körper und insbesondere auf die Körpermitte, den Brust- und Bauchraum zu richten und damit innerlich einen Freiraum zu schaffen. Dabei geht es um eine freundliche Zuwendung zu allen Empfindungen, sowohl zu den angenehmen als auch den unangenehmen. Gleichzeitig dient dieser Schritt dazu, die aktuellen Probleme zu sortieren und einen guten Abstand herzustellen zu bedrängenden Themen, Gedanken und Gefühlen, um anschließend ein Thema, eine Fragestellung oder ein Problem herauszugreifen, das weiter bearbeitet werden soll.

2 **Einen Felt Sense entstehen lassen:** Wenn die Aufmerksamkeit auf das ausgewählte Thema gerichtet ist, geht es darum, den „ungelösten Rand" des Themas, also die impliziten Aspekte am Rand der Gewahrwerdung, zu adressieren. Ziel ist, das Wesentliche des Themas oder das Besondere am Problem innerlich zu symbolisieren. Dazu wandert die Aufmerksamkeit auf den Körper bzw. in den Körper, verbunden mit der Fragestellung, wo im Brust- und Bauchraum etwas zu diesem Thema reagiert. Dann gilt es, bei dieser reagierenden Körperstelle zu verweilen, quasi der vagen körperlichen Empfindung Gesellschaft zu leisten: Der Felt Sense entwickelt sich, zunächst schlicht als körperliches Erleben von etwas, was noch nicht in Worte zu fassen ist.

3 **Einen Griff finden:** Gemeint ist damit die Symbolisierung des Felt Sense, also ein Wort, eine Redewendung oder ein Bild, das die Qualität des Felt Sense möglichst genau wiedergibt. Durch diesen „Griff" kann dem, was bisher noch nicht in Worte gefasst werden konnte, Ausdruck verliehen werden.

4 **Die Stimmigkeit zwischen dem Griff und dem Felt Sense überprüfen:** Wenn die Symbolisierung den Felt Sense stimmig wiedergibt, verändert sich in der Regel auch das Körperempfinden, so dass eine gewisse Erleichterung zu spüren ist. Möglicherweise bedarf es einer Nachjustierung des Griffs, also eines weiteren Abgleichs zwischen Symbolisierung und Felt Sense, um ein noch besser passendes Wort oder Bild zu finden, damit der Felt Sense auch wirklich treffend in Sprache gefasst wird.
Der Symbolisierungsprozess dauert so lange, bis ein Felt Shift, eine körperlich fühlbare Empfindungsänderung, eintritt.

5 **Fragen stellen:** Um den Felt Sense bzw. die Symbolisierung auf das Thema anzuwenden, werden nun Fragen gestellt, zunächst direkt an den Felt Sense, wie z.B.: Was bräuchte diese Stelle, um sich wohl(er) fühlen zu können? Welche Qualität fehlt dieser Stelle? Was ist das Schlimmste/Beste an dieser ganzen Sache? Dann können weitere Fragen folgen, z.B.: Macht es einen Sinn, das Wort oder das Symbol mit dem Thema in Verbindung zu bringen? Wird etwas klarer, wenn ich das Thema so betrachte? Zeigt sich eine Wirkung im Felt Sense, wenn er so befragt wird? Dabei ist auf ein enges Verweilen bei der Empfindung zu achten, theoretische und intellektualisierende Erklärungen sollten vermieden werden.

6 **Empfangen und schützen:** Abschließend geht es darum, die Schritte des Focusing-Prozesses zu würdigen und das, was in der Beschäftigung mit dem Felt Sense entstanden ist, zu schützen, auch wenn das Ergebnis möglicherweise klein erscheint. Eigene innere Entwertungen des Prozesses sollen erkannt und Innere-Kritiker-Stimmen sollen gestoppt werden. Eine häufige Reaktion im Anschluss an einen Focusing-Prozess ist die, dass Klientinnen ihr eigenes inneres Erleben im Nachhinein kritisch reflektieren und als unangemessen, irrational, „kindisch" einschätzen. Aufgabe der Coach ist deswegen, nicht bei dieser „sekundären Reaktion" zu verweilen, sondern der Klientin zu helfen, auf die „primäre Reaktion" zu fokussieren, also das innere Erleben, das bis dahin nicht zugänglich für eine wertschätzende und freundliche Exploration war. Vor diesem Hintergrund ist der abschließende Schritt des Schützens wichtig, um das Ergebnis auch für weitere Handlungsschritte nutzen zu können.

5.3 Rolle der Coachenden

Wenn Menschen genügend Übung haben, kann Focusing zwar auch alleine durchgeführt werden, im Zusammenhang von Coaching empfiehlt sich aber eine schrittweise Anleitung und Prozessbegleitung durch die Coach. Bei einer entsprechenden Begleitung kann die Klientin sich optimal auf ihre Inhalte konzentrieren, und im Dialog mit der Coach kann sie ihre Gedanken mit einem Gegenüber abgleichen. Neben den Kernbedingungen der personzentrierten Beratung, die bereits im Kapitel zu den personzentrierten Wurzeln des Focusing Thema waren, sollte die Coach drei Grundsätze berücksichtigen:

- Innere Ruhe und körperliches Erleben: Die Coach sollte die Klientin einladen, zur Ruhe zu kommen, still zu werden, und vor allem dem nachzuspüren, was die eigenen Aussagen im Körper bewirken. Dazu können auch Fragen helfen, die einen Bezug zum körperlichen Erleben herstellen.
- Aktives Zuhören: Damit ist ein intensives und konzentrierte Zuhören gemeint, bei dem die Aussagen der Klientin paraphrasiert und verbalisiert werden, ohne eine eigene Meinung einzubringen.
- Erleben zur Verfügung stellen: Eigene Gefühle und Reaktionen, die im Blick auf die Klientin entstehen, können auf der Grundlage einer wertschätzenden und bedingungsfrei akzeptierenden Haltung als Reflexionsangebote ins Gespräch eingebracht werden.

Gerade weil der Beziehungsaspekt zwischen Coach und Klientin ein zentraler Wirkfaktor ist, ist es wichtig, diesem auch ausreichend Raum zu geben. Hier reicht allerdings eine allgemein ausgedrückte Wertschätzung nicht aus. Erst dann, wenn die Cochee tatsächlich erlebt, dass sie von der Coach bedingungsfrei positiv beachtet und präzise verstanden wird, und zwar unabhängig von einer persönlichen Zuneigung, wirkt sich die Beziehung konstruktiv auf den Veränderungsprozess aus. Untersuchungen betonen dazu, dass Coachs sich selbst tendenziell empathischer einschätzen, als sie von ihren Klientinnen wahrgenommen werden (Will et al., 2016).

> *„Wirksame Beratung besteht aus einer eindeutig strukturierten, gewährenden Beziehung, die dem Klienten ermöglicht, zu einem Verständnis seiner selbst in einem Ausmaß zu gelangen, das ihn befähigt, aufgrund dieser neuen Orientierung positive Schritte zu unternehmen.“ (Rogers, 1972, S. 28)*

6 Experienzielles Coaching

Nachdem nun die Theorie des Experiencing und die Methode des Focusing im Mittelpunkt standen, möchte ich zurückkommen zum Coaching. Das experienzielle Konzept ist nicht nur im therapeutischen Kontext von Nutzen, sondern auch in der arbeitsweltlichen Beratung. Dabei muss es nicht zwingend um Focusing gehen – Gendlin hat früh darauf hingewiesen, dass experienzielle Beratung und Gesprächsführung auch außerhalb der spezifischen Focusing-Methode möglich sind.

Tatsächlich bedarf es bei der Beratung im arbeitsweltlichen Kontext einiger Anpassungen. Zum einen unterscheiden sich die Themen und Ziele, die im Coaching bearbeitet werden, von denen, die üblicherweise bei einer Therapie oder einer allgemeinen Beratung im Vordergrund stehen. Zum anderen ist zu berücksichtigen, dass Focusing aufgrund der therapeutischen oder selbsterfahrungsorientierten Anmutung in der Arbeitswelt nicht immer anschlussfähig ist. Vor diesem Hintergrund will ich in den weiteren Kapiteln darauf eingehen, wie das Konzept des Experiencing im Coaching aufgegriffen und umgesetzt werden kann.

Experienzielles Coaching, wie ich es verstehe, ist ein integratives Vorgehen, das dem aktuellen Erleben, dem Denken, Fühlen und Spüren im Coaching Raum gibt und die experienziellen Prozesse gezielt nutzt, um Lösungen und Perspektiven zu erarbeiten.

Aus den bisherigen Ausführungen zum Coaching wurde deutlich, dass nachhaltige Veränderungen, die die eigene Person betreffen, selten losgelöst vom Selbsterleben bzw. von körperlich spürbaren Erfahrungen von statten gehen. Im experienziellen Coaching soll diese Erlebens-Ebene bewusst für Prozesse der Veränderung genutzt werden. Das schließt nicht aus, dass im Beratungsprozess gleichzeitig Konzepte und Methoden anderer Schulen aufgegriffen werden. Gendlin spricht im Blick auf verschiedene therapeutische Schulen von Orientierungen und Wegen, die jeweils mit einem besonderen Geist oder einer bestimmten Kultur verbunden sind (Gendlin, 1996). Diese Orientierungen finden sich auch in den unterschiedlich ausgerichteten Coaching-Ansätzen wieder. Gleichzeitig hat sich die Coachingwissenschaft in den zurückliegenden Jahren eher schulenunabhängig entwickelt, und in der Coachingpraxis ist eine zunehmende Integration unterschiedlicher Orientierungen zu beobachten. Gerade bei der Bearbeitung der oft komplexen Themen, um die es in dieser Beratungsform geht, würde die Begrenzung auf nur eine Orientierung oft zu kurz greifen.

Experienzielles Coaching stellt in diesem Sinn eine Ergänzung dar, die dem Coaching Aspekte hinzufügen kann, die bisher nicht oder nur wenig Berücksichtigung fanden. Neben der ganz praktischen Erweiterung des bisherigen Methodenspektrums geht es dabei zunächst vor allem um die eigene Haltung und Aufmerksamkeitslenkung im Coaching – darum, die eigene Aufmerksamkeit als Coach den erlebensmäßigen Anteilen so zuzuwenden, dass ein vertieftes Verstehen des persönlichen Veränderungsprozesses möglich wird. Dann, wenn es gelingt, den individuellen experienziellen Prozess des Coachee zu verstehen und einordnen zu können, wird es auch möglich sein, diesen methodisch angemessen zu begleiten und zu fördern.

6.1 Der Felt Sense im Zentrum der Veränderung

Lassen Sie mich zurück kommen auf die Coaching-Klientin, die ich im ersten Kapitel dieses Buchs zitiert habe und die von ihrer Wut und Fassungslosigkeit und dem Pochen berichtet. Das Zitat wurde einem eineinhalbstündigen Coachinggespräch entnommen, bei dem die Klientin ausführlich über immer wieder auftretende Probleme am Arbeitsplatz spricht. Als besonders schwierig empfindet sie, dass sie regelmäßig ihr inneres Gleichgewicht verliert, wenn Kritik an ihr als Führungskraft geäußert wird. Infolgedessen gelingt es ihr nicht, angemessen auf die geäußerte Kritik zu reagieren. In einem kleinen Exkurs geht sie im Gespräch zurück in ihre Jugendzeit und findet Parallelen zwischen ihrem heutigen Verhalten und den Prägungen ihrer Jugend, nämlich dass sie oft bemüht war, möglichst angepasst und unauffällig zu agieren, und dass sie sich gleichzeitig immer wieder in der Verantwortung für das Wohlergehen anderer Familienmitglieder sah. In ein ähnliches Spannungsfeld zwischen dem Wunsch, angepasst zu sein und nicht in der Kritik zu stehen und dem Appell an ihr Verantwortungsbewusstsein gerät sie nun wieder als Erwachsene. Im beruflichen Umfeld äußert sich das in dem Vorwurf, sie denke nur an sich, obwohl sie sich doch ihrer eigenen Einschätzung nach sehr für die anderen engagiert. Der Vorwurf trifft sie schmerzhaft und macht sie fast handlungsunfähig.

BEISPIEL

Klientin: Aber zu dem Zeitpunkt gab es so Situationen, wo ich gedacht hab „Das, das ist jetzt total schräg“. Und dann dachte ich „Sage ich jetzt irgendetwas, und wenn ich jetzt etwas sage, könnte es sein, dass ich aufplatze. Dass ich sie wüst beschimpfe. Dass ich komplett die Fassung verliere, also sage ich lieber nichts.“
Coach: Hm (bejahend), hm (bejahend). Okay, und Sie haben für sich ja jetzt eine Verarbeitungsform gefunden, mit dem…
Klientin: Aber ich merk gerade, wie das in mir pocht, ja?
Coach: Ja, dann sagen Sie noch so zwei, drei Sätze dazu, was heißt das, das Pochen?
Klientin: Dass ich immer noch unglaublich wütend bin. Und aber auch, auch eigentlich fassungslos. Also ja, … dass ich merke, boah, ich habe mir das alles bieten lassen. Hallo! Geht‘s noch? Und mir ist das überhaupt nicht aufgefallen bis eben, dass die genau wieder dieses Schema bedient haben, auf dem ich so ansprechbar bin. Auf dem man mich, so gut treffen kann. Nämlich „Du denkst nur an Dich. Du lässt mich im Stich. Was heißt das denn überhaupt? Das kannst du doch nicht machen!“
Coach: Möchten Sie dazu noch mehr sagen oder loswerden gerade?
Klientin: Ja, ich bin gerade so ein bisschen … überrascht …. Scheiße, ich bin ja wieder voll in diese Falle reinge …, ge … geraten oder gelaufen oder hab mir wieder Dinge bieten lassen, die unerhört sind. (Auszug aus einem Coachinggespräch)

Die Besonderheit des Gesprächs liegt darin, dass die Klientin über eine in der Vergangenheit liegende Situation berichtet, und dass sie gleichzeitig jetzt, während des Berichtens, ihre Gefühle wahrnehmen kann und auch eine körperliche Resonanz dazu spürt. Indem sie den Gefühlen und der körperlichen Resonanz Raum gibt, wächst ihre Erkenntnis: Sie versteht, was geschehen ist und warum sie das so handlungsunfähig gemacht hat. Ein Felt Sense hat sich eingestellt, und die Bedeutung der Emotionen und des körperlichen Gefühls wird nach und nach klarer für sie.

Das Gespräch verläuft nicht flüssig, die Klientin gerät immer wieder ins Stocken, sucht nach den passenden Worten. Auch das kann ein Hinweis sein für die inneren Prozesse, wenn „Etwas“ am Rand des Bewusstseins entsteht, für das aber erst noch Worte gefunden werden müssen. Nachdem die Worte dann gefunden sind, kann die Klientin ihren Veränderungswunsch deutlich artikulieren.

BEISPIEL

Klientin: Und jetzt also, jetzt erst merke ich, was da eigentlich abgegangen ist. Und ich möchte das nicht nochmal.
Coach: Das dachte ich mir eben gerade, dass es vielleicht darum geht.
Klientin: (lacht) Ich möchte, dass, ich möchte das jetzt gleich merken, wenn jetzt sowas kommt, dann möchte ich das gleich merken und gleich reagieren können und nicht wieder nach einem halben Jahr merken „Oh Scheiße irgendwas", weil, es verschiebt sich dann auch so. Wenn ich da erstmal drin bin, dann komme ich aus dieser Nummer nicht mehr raus.
Coach: Ja. ... Okay.
Klientin: Und jetzt mir die Erlaubnis geben, ich möchte mir die Erlaubnis geben ..., egoistisch zu sein. Also, also ... egoistisch ist ja so ein bescheuertes Wort, ja? Nach mir zu gucken, nach meinen Bedürfnissen und was brauche ich, damit ich diese Abteilung gut leiten kann, und nicht, was brauchen die Kolleginnen. (weiterer Auszug aus dem Coachinggespräch)

Der Felt Shift artikuliert sich bei diesem Gespräch nicht in Form einer direkt geäußerten Erleichterung, sondern durch zwei Facetten, die erst bei genauer Betrachtung zu erkennen sind. Zum einen zeigt sich die Veränderung im Lachen der Klientin: Etwas hat sich offensichtlich so gelöst, dass sie trotz der Schwierigkeiten und trotz der kurz zuvor erlebten Wut jetzt lachen kann. Zum anderen gelangt die Coachee im Rahmen ihrer Überlegungen zu einer Haltung, die ihre Autonomie fördert bzw. wieder herstellt. Diese Haltung leitet sie direkt aus ihrem Selbsterleben und ihrem Felt Sense ab. Während sie zuvor die Situation passiv ertrug, weist ihr Wunsch, zukünftig gleich zu reagieren, auf eine aktiv gestaltende Rolle hin. Und indem sie feststellt, dass sie sich selbst die Erlaubnis zu einem gewissen „Egoismus" geben kann, macht sie sich in ihrer Haltung und auch in ihrer Handlungsfähigkeit unabhängig von ihrem Umfeld und stärkt die eigene Selbstwirksamkeit.

Das Beispiel zeigt den Prozess der Veränderung, bei dem der Felt Sense und der Felt Shift eine bedeutende Rolle spielen. Allgemein lässt sich das experienzielle Veränderungsmodell so beschreiben:

Situationsbeschreibung: Ausgangspunkt des Prozesses ist eine vom Klienten benannte Situation, bei der er das Verhalten des Umfelds als problematisch wahrnimmt. Das problematische Verhalten ist aber nicht allgemeiner Natur, sondern steht in einem gewissen Bezug zur eigenen Person des Klienten. Gleichzeitig nimmt der Klient in sich ein gefühlsmäßiges Spannungserleben wahr, das ihm unangenehm ist. Abstrakt formuliert, handelt es sich also um ein Person-Umfeld-Problem, und gleichzeitig um ein affektiv-kognitives Spannungserleben in der Person des Klienten selbst.

BEISPIEL

Klientin: Ich habe über meine Arbeitsstelle Buch geschrieben. Also ich habe irgendwann so nach einem halben Jahr angefangen abends zu schreiben, erstmal mit der Hand und habe das dann irgendwann alles in den Computer übertragen. Und ähm, habe das jetzt an Weihnachten, genau als ich da so fertig zu Hause war, habe ich das zu Ende geschrieben. Und da ist mir erst die komplette Absurdität dessen, was dort vor sich gegangen ist, wirklich deutlich geworden. Und da hat mich eine unglaubliche Wut gepackt. Das konnte ich aber dort überhaupt so nicht, ähm, nicht fassen.
Coach: Während Sie an diesem Arbeitsplatz waren.
Klientin: Während ich dort war, ja. Also die letzten drei Monate, die waren super scheiße als dann klar war, ich, ich werde euch verlassen. Ich werde hier gehen. Und die haben das extrem persönlich genommen und so „Oh wie kannst Du nur und denkst nur an dich." (Auszug vom ersten Teil des Coachinggesprächs)

Vertiefung der Situation: In einem zweiten Abschnitt des Veränderungsprozesses kommt es zu einer Vertiefung der Situation. Diese ist aber nicht als Wiederholung der Situationsbeschreibung zu verstehen, auch nicht nur als ein Benennen von weiteren Details. Vielmehr geht es darum, das Person-Umfeld-Problem zu konkretisieren und sich dabei auch schon in gewisser Weise zu positionieren. Damit der Prozess weiter vorangetragen werden kann, bedarf es einer zumindest teilweisen Distanzierung des Klienten von seinem problematischen Umfeld, so dass keine übermäßige Identifikation mit dem Umfeld stattfindet. Erst dann wird es dem Klienten möglich, seine Aufmerksamkeit vom Umfeld weg auf die eigene Person zu lenken.

Eine Voraussetzung dafür ist, dass der Klient auch in der Lage ist, in einer Art „referring inward" das eigene Erleben wahrzunehmen, also Gefühle und Körperwahrnehmungen zu beschreiben – auch wenn dieses Erleben zunächst noch eher diffus ist, mehr in Form eines inneren „Etwas", dem zunehmend Aufmerksamkeit gewidmet werden kann. Häufig zeigt sich dieses „Etwas" in einem (unangenehmen) Körpererleben, einer gewissen Irritation oder einer inneren Ambivalenz oder Spannung.

BEISPIEL

Klientin: Dieses „Du denkst nur an Dich“. Ja? Also die haben letztendlich genau die Argumente rausgeholt, und haben mich so damit treffen können. Ich war wirklich zum großen Teil also, ja fast handlungsunfähig. Ich konnte darauf kaum reagieren. Und als ich das jetzt gelesen hab, da hab ich „Oh das gibt‘s doch gar nicht. Das ist ja so komplett absurd. Das ist so völlig schräg, was die mir vorgeworfen haben“. Da hätte ich aufplatzen können vor Wut, ja?
Coach: Hm, ja.
Klientin: Aber zu dem Zeitpunkt gab es so Situationen, wo ich gedacht habe „Das das ist jetzt total schräg“. Und dann dachte ich, „Sage ich jetzt irgendwas, und wenn ich jetzt was sage, könnt es sein, dass ich aufplatze. Dass ich sie wüst beschimpfe. Dass ich komplett die Fassung verliere, also sage ich lieber nichts“. (weiterer Auszug aus dem Coachinggespräch)

An dieser Stelle wird schon deutlich: Aufgabe des Coach ist es, den Klienten behutsam in seinem Prozess zu begleiten und ihn bei der Vertiefung der Situation ebenso zu unterstützen wie beim nächsten Schritt, dem Verweilen beim Selbsterleben. Behutsam begleiten heißt in diesem Fall, dass der Coach dem Klienten ausreichend Zeit und Raum gibt, die Situation und das eigene Erleben dabei zu vertiefen, indem er ihm aufmerksam und interessiert zuhört, ohne das Gespräch in eine bestimmte Richtung zu lenken. Eine direktive Vorgabe durch den Coach wäre hier nicht angebracht, und auch die Distanzierung vom Umfeld kann nicht angeordnet werden, sondern erfolgt im eigenen Tempo des Klienten.

Verweilen beim Selbsterleben: Die dritte Phase des Veränderungsmodells beinhaltet mehrere Schleifen, in denen eine Verbindung zwischen dem Thema und dem inneren Erleben hergestellt wird. Das innere Erleben und damit der Felt Sense erhält hier eine zunehmende themenbezogene Bedeutung. Dieser Prozessschritt kann sehr komplex sein und auch entsprechend viel Zeit beanspruchen. Oft spüren die Klienten dabei einerseits die Schwere ihrer Belastung und Anstrengung, die mit der Situation verbunden ist. Gleichzeitig gehen sie ihren eigenen Bedürfnissen nach und machen sich auf die Suche nach ihren persönlichen Ressourcen. Es entsteht eine Art Pendelbewegung zwischen dem, was als schwierig und belastend erlebt wird, und dem, was Ressourcen und Energie freisetzt. Eine wichtige Rolle spielt dabei das „Verstehen“ des inneren Erlebens, denn das Verstehen führt zu mehr Klarheit, zu einer veränderten Haltung, und letzten Endes zu einer gewissen Erleichterung. Durch die Arbeit mit dem unmittelbaren Erleben und durch entsprechende Symbolisierungen können Gefühlsänderungen oder eine Verlagerung gefühlter Bedeutungen direkt nachvollzogen und zur Grundlage weiterer Überlegungen gemacht werden.

! Durch die Arbeit mit dem unmittelbaren Erleben und durch entsprechende Symbolisierungen können Gefühlsänderungen oder eine Verlagerung gefühlter Bedeutungen direkt nachvollzogen und zur Grundlage weiterer Überlegungen gemacht werden.

In dieser Phase tritt das Verhalten des Umfelds deutlich in den Hintergrund. Der Klient spricht nicht mehr direkt über die Mitmenschen oder seine Rahmenbedingungen, und jede Nachfrage des Coach, die sich auf das Umfeld beziehen würde, würde an dieser Stelle den Prozess des Selbsterlebens stören. Die Aufmerksamkeit ist im Idealfall ganz dem eigenen Erleben im Sinn der Selbstexploration gewidmet, die Beschreibung der Situation erfolgt quasi von einem inneren Standpunkt aus.

Von diesem neuen inneren Bezugspunkt ausgehend, setzt der Klient dann weitere Prozesse wie Reflexion der Motivation, Reflexion der Bedürfnisse, Aktivierung von Ressourcen und Aktivierung von Energie in Gang. Diese Prozesse können vielfältige Elemente enthalten, beziehen sich aber immer auf die Person des Klienten und sein inneres Erleben. Im Verlauf dieser inneren Auseinandersetzung kommt es zu einer Veränderung hinsichtlich der Bewertung oder Deutung der Situation. Erkennbar ist diese Veränderung vor allem daran, dass der Klient sichtlich erleichtert wirkt, manchmal eine andere Körperhaltung einnimmt, seine Atmung verändert oder eine innere Klarheit beschreiben kann.

BEISPIEL

Klientin: Es gab den Spruch meiner Mutter: „Alle denken nur an sich. Ich bin da so ganz anders, ich denke nur an mich." Und der wurde immer wieder so ironisch ... so. Also man, man, man darf nicht an sich denken. Egoismus ist etwas Verpöntes. Man muss immer an die anderen denken.
Coach: Ja.
Klientin: Immer gucken, dass es den anderen gut geht. Sie hat das von mir erwartet, dass ich auch darauf gucke, dass es mit meinem Handeln ihr gut geht.
...
Klientin: Und das Fiese, also was das Ganze noch ein bisschen ausweitet in Komplexität ist, dass meine, meine Chefin, deren Stellvertreterin ich war, perfekt in diese Mutterrolle reingerutscht ist.
Coach: Nämlich?
Klientin: Ähm. Also ich hab auch. Ich habe immer das Gefühl gehabt, ich habe die Verantwortung für ihr Wohlbefinden. Die hat sich sehr schnell

mit sehr vielen Kolleginnen auch irgendwie angelegt und es geht ihr dabei nicht gut. Und ähm, da hab' ich immer so gedacht „Okay, ich bin die Stärkere, was jetzt dieses Emotionale anbelangt und ich muss sie stützen und ich muss gucken, dass es ihr gut geht". Also letztendlich dieses, dieses Mutter-Tochter-Verhältnis hat sich ganz stark dort wiedergespiegelt.
[...]
Coach: Ja. Möchten Sie dazu noch mehr sagen oder loswerden gerade?
Klientin: Ja, bin gerade so ein bisschen ... überrascht. .... Scheiße, bin ja wieder voll in diese Falle reinge ... geraten oder gelaufen oder habe mir wieder Dinge bieten lassen, die unerhört sind.
Coach: Wenn Sie sagen: „Ich bin wieder". Was meinen Sie denn jetzt damit? Hier?
Klientin: Hier nicht, sondern damals, am vorherigen Arbeitsplatz. Also wieder das, was mir als Kind widerfahren ist. Was mir mit meiner Kollegin widerfahren ist. Und auch da habe ich es wieder ausgehalten, und wieder stillgehalten.
Coach: Okay.
Klientin: Und jetzt also, viel später erst gemerkt, was da eigentlich abgegangen ist. Und ich möchte das nicht nochmal. (weiterer Auszug aus dem Coachinggespräch)

Lösungsansatz, Handlung: Die veränderte Bewertung oder Deutung führt zu einem Lösungsansatz, der zunächst in einer veränderten Haltung besteht. Diese ermöglicht dann einen anderen Umgang mit der Situation, einen konkreten Plan oder eine konkrete Handlung. Der Blick ist dabei in zunehmendem Maß auch wieder auf das Umfeld gerichtet und nicht in erster Linie auf das Selbsterleben.

Dieser letzte Schritt ähnelt dem des Empfangens und Schützens beim Focusing. Der erlebte Prozess kann so gewürdigt werden, und vor allem führt er zu einer Konkretisierung, zu einer Veränderung, die sich tatsächlich und nachhaltig im Alltag des Klienten abbilden kann.

BEISPIEL

Klientin: Und jetzt möchte ich mir die Erlaubnis geben, ich möchte mir die Erlaubnis geben..., egoistisch zu sein. Also, also egoistisch ist ja so ein bescheuertes Wort, ja? Nach mir zu gucken, nach meinen Bedürfnissen und was brauche ich, damit ich diese Abteilung gut leiten kann und nicht was brauchen die Kolleginnen.
Coach: Ja oder ähm, was ist auch gut für die Abteilung?
Klientin: Hm, ja.

Coach: Weil es hat ja auch niemand etwas davon, wenn Sie in einem halben Jahr in diese Falle wieder reinfallen sollten und dann wieder gehen müssten, weil es…
Klientin: Das will ich nicht. Und dann kann ich, bin ich ja aber auch nicht wirklich führungsstark..., wenn, wenn dieser Kipp passiert.
Coach: Ja.
Klientin: Also ich kann die Leute ja auch nur gut führen, wenn auch klar ist, ich bin diejenige, die, ähm, über den Termin entscheidet. (weiterer Auszug aus dem Coachinggespräch)

Das experienzielle Veränderungsmodell lässt sich auch anhand der folgenden Prozess-Skizze darstellen. Abbildung 1 zeigt von links nach rechts die vier Prozessphasen.

1 Situationsbeschreibung
2 Vertiefung
3 Verweilen beim Selbsterleben
4 Lösungsansatz

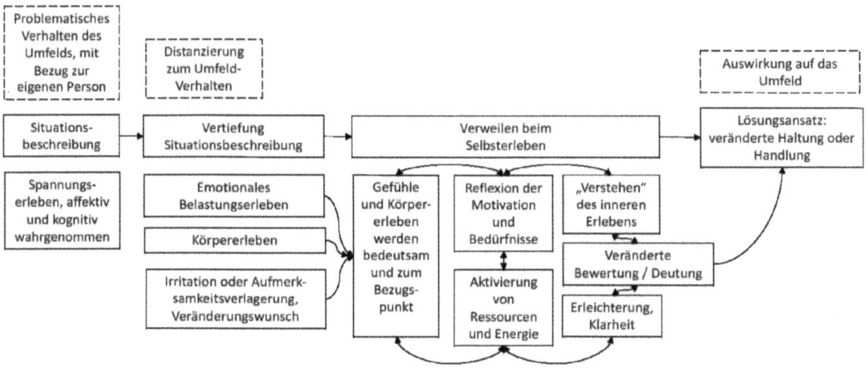

Abbildung 1: Experienzielles Veränderungsmodell

Der obere Bereich der Abbildung 1 bildet die anfängliche Bezugnahme zum Umfeld ab, die dann aber durch das Hinwenden zum Selbsterleben abgelöst wird. Die eigentliche Lösung findet also nicht in einer fortgesetzten Beschäftigung mit dem Umfeld statt, sondern in der Auseinandersetzung mit dem eigenen Erleben, den eigenen Motiven, Bedürfnissen und Ressourcen. Dieser innere Prozess geht nicht linear vonstatten, sondern kann mehrere Schleifen durchlaufen, bis der Klient zu einer veränderten Bewertung und Deutung kommt. In der Grafik sind diese Schleifen durch die verschiedenen Richtungen der Pfeile dargestellt. Damit soll angezeigt werden, dass auch in einem vorwärts tragenden Prozess durchaus Momente des Zurückgehens oder der Wiederholung beinhaltet sein können, und dass die verschiedenen Aspekte des inneren Erlebens in einer gewissen Zirkularität bearbeitet werden.

Bei einer genauen Betrachtung des experienziellen Veränderungsmodells fällt auf, dass der Felt Sense dort nicht explizit erwähnt ist, und dass das Körpererleben nur als eine von mehreren Facetten im Veränderungsprozess dargestellt ist. Tatsächlich unterscheidet sich experienzielles Coaching hier vom klassischen Focusing, weil das körperlich gespürte Gefühl oder der Felt Sense nicht immer am Ausgangspunkt eines Veränderungsprozesses stehen. Oft kommen Klienten erst im Verlauf eines inneren Hin- und Her-Bewegens zwischen affektiven und kognitiven Verarbeitungsanteilen zu einer körperlich gespürten Komponente. Körpererleben muss nicht Ausgangspunkt für einen Veränderungsprozess sein, sondern kann auch dann Teil des Lösungswegs sein, wenn es zum Beginn des Veränderungsprozesses noch nicht wahrgenommen wurde und sich erst im Verlauf des Verweilens beim Selbsterleben einstellt.

Der Lösungsweg im experienziellen Coaching ist kein geradliniger, sondern er ist, besonders in der Phase des Verweilens beim Selbsterleben, eher durch Wiederholungsschleifen und inhaltliche Exkurse gekennzeichnet. Dabei kann, wie in unserem Beispiel, ein konkreter körperlich gespürter Felt Sense benannt werden, es kann aber beispielsweise auch eine Metapher entstehen, die zwar kein „Griff" im engeren Sinn des Focusing ist, wohl aber ein Ausdruck des Selbsterlebens in Verbindung mit einer bestimmten Situation. Zudem kann auch das Reflektieren der eigenen Motivation, das Einbeziehen der eigenen Biographie oder das Entdecken eigener Bedürfnisse und Ressourcen Teil der Selbstexploration und damit des Lösungswegs sein. Die Entwicklung vom Felt Sense zum Felt Shift beinhaltet damit meist zwei Komponenten:

1. Das Fühlen oder Körpererleben wird zum Bezugspunkt, so dass eine gewisse Ahnung der Bedeutsamkeit und Bedeutung dieses Fühlens entsteht. Der Klient bezieht sich in dem, was er sagt, auf bisher vage, nicht ausformulierbare und doch bedeutsame Aspekte seines unmittelbaren Erlebens. Wenn es ihm gelingt, diese allmählich zu differenzieren und eine Beschreibung bzw. ein Symbol dafür zu finden, entsteht das, was in der Grafik als „Verstehen" des inneren Erlebens bezeichnet ist.
2. Es entsteht eine innere Pendelbewegung zwischen dem belastenden Erleben und solchen Elementen, die Energie und Ressourcen freisetzen. Diese Pendelbewegung ermöglicht es dem Klienten, unterschiedliche Facetten des Selbsterlebens zu erfassen und aus dem Fühlen oder dem Körpererleben

Informationen abzuleiten, die seine Motivation und seine Bedürfnisse berühren. Das aktiviert Ressourcen und Energie, geht mit Klarheit und Erleichterung einher und hilft so, das Belastungserleben zu überwinden.

6.2 Die Experiencing-Skala

Für einen gelingenden Prozess im experienziellen Coaching ist es von Bedeutung, dass der Klient auch tatsächlich Zugang zu seinem Selbsterleben findet und die Lösung von einem inneren Standpunkt aus entwickeln kann. Für die Begleitung durch den Coach bedeutet das, dass dieser in der jeweiligen Phase des Coachingprozesses den Umfang bzw. die Tiefe des experienziellen Erlebens erkennen und angemessen einschätzen sollte. Hierzu bietet die Experiencing-Skala (Klein, Mathieu, Gendlin & Kiesler, 1969) eine wichtige Hilfestellung. Ursprünglich wurde die Skala von Gendlin für wissenschaftliche Zwecke entwickelt, um die theoretischen Annahmen zum Experiencing auch empirisch beforschen und belegen zu können. Sie kann aber auch in der Coachingpraxis eine nützliche Orientierungshilfe sein.

Der Begriff des inneren Erlebens macht deutlich, dass es beim Experiencing um einen in der Person stattfindenden Prozess geht, der sich nicht automatisch nach außen zeigt. Gleichzeitig ist der Forscher ebenso wie der Coach in seiner Einschätzung auf äußerlich beobachtbare Merkmale wie Sprache oder Verhaltensweisen angewiesen. Die Experiencing-Skala operationalisiert deswegen das innere Erleben durch äußerlich beobachtbare Merkmale, anhand derer die Art der inneren Auseinandersetzung bzw. die Nähe des Klienten zu seinem inneren Erleben erfasst werden kann. Bei der Beschreibung der einzelnen Stufen werden in erster Linie solche Variablen verwendet, die sich direkt im Kommunikationsverhalten zeigen. So wird es möglich, diese Skala auch als Beobachtungs-Raster zur Reflektion eines Coachinggesprächs einzusetzen.

Für den deutschen Sprachraum haben Hans-Dieter Dahlhoff und Hanko Bommert (1978) ein umfassendes Forschungs- und Trainingsmanual zur Experiencing-Skala erarbeitet. Die deutsche Experiencing-Skala gilt ebenso wie das englische Original als konsistent und reliabel, und Untersuchungen im Bereich der Therapie zeigen, dass ein hohes Experiencing-Niveau regelmäßig einhergeht mit einem deutlich positiven Therapie-Outcome, während Klienten in weniger erfolgreichen Therapieverläufen lediglich über ein niedriges Experiencing-Niveau verfügen.

Um die unterschiedlichen Ausprägungen des Experiencing abzubilden, unterscheidet die Experiencing-Skala sieben Stufen der Wahrnehmung des unmittelbaren Fühlens und Erlebens. In der niedrigsten Stufe der Skala schildert der Klient Ereignisse in allgemeiner, unbeteiligter Weise, in den weiteren Stufen kommt es dann zu einer zunehmenden Bezugnahme auf das Fühlen und Erleben, bis hin zur höchsten Stufe, bei der der Klient klar und offen über sein unmittelbares inneres Erleben sprechen und die Bedeutung des Erlebens verstehen kann.

Die sieben Stufen der Experiencing-Skala

Stufe 1: Der Klient schildert Ereignisse in allgemeiner, unpersönlicher Weise. Seine Äußerungen sind von unbeteiligter Art, so als ob sie von einem Fremden stammen würden. Eine persönliche Anteilnahme an seinen Mitteilungen ist nicht ersichtlich.

Stufe 2: Der Klient lässt in seinen Äußerungen eine persönliche Rolle erkennen, jedoch nimmt er auf sein Fühlen nur indirekt Bezug, indem er es zum Beispiel zur näheren Verdeutlichung eines Sachverhalts heranzieht. Gefühle und persönliche Reaktionen werden eher als entfernte, externe Ereignisse charakterisiert, und es wird nur indirekt oder abstrakt darauf Bezug genommen. Ein intellektuelles Interesse bzw. ein allgemeines, oberflächliches Beteiligtsein ist vorhanden, jedoch ist die Bezugnahme des Klienten auf sein Fühlen allgemein-abstrakt oder distanziert-versachlicht und nicht auf ein tieferes Eindringen in die persönliche Bedeutung ausgerichtet.

Stufe 3: Der Klient bezieht sich zwar auf sein Fühlen und Erleben, jedoch werden diese überwiegend als Verhaltensweisen oder Situationen dargestellt oder als in enger Verknüpfung mit diesen Verhaltensweisen und Situationen stehend geschildert. Die Mitteilungen über das Fühlen und Erleben erfolgen gleichsam von einem äußeren Bezugspunkt des Klienten. Eine Bezugnahme auf das Fühlen und Erleben erfolgt in sehr begrenztem Umfang, wird nur knapp zum Ausdruck gebracht und nicht tiefgehend bearbeitet.

Stufe 4: Der Klient bezieht sich in seinen Äußerungen auf seinen inneren Bezugsrahmen. Er versucht, diesen zur Grundlage seiner Mitteilungen zu machen. Er betrachtet Ereignisse, Situationen und sein Fühlen nicht mehr von außen, sondern er entwickelt eine innerlich gefühlte Bedeutung, auf die er in seinen Mitteilungen Bezug nimmt. Bei der Beschreibung seiner Gefühle der Vergangenheit und Gegenwart schöpft der Klient aus diesem momentanen Erleben und Beteiligtsein. Er bemüht sich, sein Fühlen nicht nur zu schildern, sondern auch zu erarbeiten, was diese Gefühle für ihn bedeuten. Oft besteht auch der

Eindruck, dass mehr im Klienten vorgeht, als er im Moment erfassen kann. Es sind noch nicht ausformulierte Erlebnisinhalte vorhanden.

Stufe 5: Der Klient konzentriert sich auf seinen inneren Bezugsrahmen; dabei werden innere Erlebnisse weiterbearbeitet, erforscht und verdeutlicht. Jetzt kann sich der Klient auf bisher vage, nicht ausformulierbare aber bedeutsame Aspekte seines unmittelbaren Erlebens beziehen und kann diese allmählich differenzieren. Er gewinnt einen detaillierten Bezug zu seinen aktuellen Erlebnisvorgängen.

Stufe 6: Der Klient erfährt durch die Arbeit an seinem unmittelbaren Erleben Gefühlsänderungen oder eine Verlagerung gefühlter Bedeutungen. Einzelne aktuelle Erlebnisinhalte ändern sich in ihrer Bedeutung für den Klienten oder werden ihm eigentlich erst klar; so kann er vorher unklare bzw. bruchstückhafte Erlebnisinhalte durch sein unmittelbares Erleben für sich deutlich machen. Der Klient ist in der Lage, diese Bedeutungsänderungen zu überdenken und zu verarbeiten. Er macht sie zur Grundlage für seine erlebnismäßig erarbeiteten Absichten und Vorstellungen.

Stufe 7: Der Klient verfügt über ein klares Bild von seinem unmittelbar ablaufenden Erleben und kann dieses in seinen Äußerungen vermitteln. Er ist in der Lage, sich in seinem wechselnden Erleben zu bewegen, die Bedeutung des Erlebens für ihn selbst zu verstehen und Bedeutungsänderungen in seinen Bezugsrahmen zu integrieren. Sein unmittelbares aktuelles Erleben, der Wechsel von Bedeutungsschwerpunkten und auftretende Bedeutungsänderungen sind ihm eine vertrauenswürdige Basis für Änderungen in seinem Erleben und Verhalten. (Dahlhoff und Bommert, 1978)

Generell gilt mit Blick auf die Experiencing-Stufen: Je mehr das innere Erleben zum Bezugspunkt wird, desto mehr kann der Klient den Felt Sense für die Bearbeitung seiner Themen nutzen. Die Schwelle von Stufe 3 zu Stufe 4 beschreibt dabei einen Wechsel von der äußeren Bezugnahme hin zum inneren Bezugsrahmen, so dass ab dieser Schwelle auch von einem tatsächlichen Experiencing ausgegangen werden kann.

Je mehr das innere Erleben zum Bezugspunkt wird, desto mehr kann der Klient den Felt Sense für die Bearbeitung seiner Themen nutzen.

Aufgabe des Coach ist daher vor allem, den Klienten darin zu unterstützen, sich auf sein Selbsterleben zu fokussieren, bei diesem zu verweilen und den Felt Sense als Lösungs-Ressource zu nutzen. Der Coach dient dem Klienten als Gegenüber im Sinn eines Resonanzkörpers oder auch Spiegels. Dazu gehört, dass der Coach sich seines eigenen aktuellen Erlebens ebenfalls bewusst sein sollte, und an einigen Stellen kann er dieses dann gezielt für die Gesprächsführung nutzen. Analog zum Kommunikationsverhalten des Coachee können für den Coach unterschiedliche Verhaltensweisen für die Stufen der Experiencing-Skala beschrieben werden (Tab. 2).

Tabelle 2: Stufen der Experiencing-Skala analog zum Coachverhalten

Stufe	Klient bezieht sich auf...	Coach verhält sich...
1	... äußere Ereignisse, ohne direkte eigene Beteiligung.	... unpersönlich, losgelöst von der Person.
2	... äußere Ereignisse. Eigene Gedanken beschreibt er auf intellektuelle Art und Weise.	... interessiert, mit gedanklichen Bezügen zur Person des Klienten.
3	... seine Reaktionen auf äußere Ereignisse. Begrenzt berichtet er über Gefühle.	... reaktiv. Der Coach beschreibt wahrgenommene Gefühle beim Klienten.
4	... die Beschreibung der eigenen Gefühle und persönlichen Erfahrungen.	... empathisch involviert. Er elaboriert die vom Klienten geäußerten Gefühle oder Assoziationen.
5	... seine Vorstellungen bezüglich seiner Gefühle und persönlichen Erfahrungen.	... bezieht sich auf eigene Gefühle, um die Gefühle des Klienten zu explorieren.
6	... seine aktuell auftauchenden Gefühle und deren Auswirkungen im Erleben.	... nutzt eigene aktuelle Gefühle, um die Gefühle des Klienten herauszuarbeiten.

7	... seinen inneren Bezugspunkt: Er ist in der Lage, sich authentisch von einem inneren Bezugspunkt zum nächsten zu bewegen.	... „expansiv", also in die Breite gehend. Er integriert alle Elemente der Interaktion, einschließlich der Gefühle des Klienten, der eigenen Gefühle und deren explizitem Inhalt.

Idealerweise bewegt sich das Selbsterleben des Coach auf einer etwas höheren Stufe als das Selbsterleben des Klienten. Wenn der Klient beispielsweise begrenzt über seine Gefühle berichtet, sich aber insgesamt eher auf äußere Ereignisse bezieht (Stufe 3 des Klientenverhaltens), kann der Coach empathisch reagieren und vertieft auf die vom Klienten geäußerten Gefühle eingehen, was der Stufe 4 des Coachverhaltens entsprechen würde. Wenig förderlich wäre dagegen, wenn der Coach kein Interesse am Erleben des Klienten zeigen würde (Stufe 1), oder wenn er dem Klienten bereits eigene aktuelle Gefühle zur Verfügung stellen würde in der Erwartung, dass der Klient diese für seine Selbstexploration nutzt (Stufe 6). Befindet sich der Coach mit seinem Antwortverhalten auf einer niedrigeren Stufe als der Klient, muss davon ausgegangen werden, dass die Antwort des Coach den Klienten eher vom Selbsterleben wegführen wird. Umgekehrt kann es auch zu einer Überforderung des Klienten führen, wenn der Coach sein eigenes Selbsterleben auf einer wesentlich höheren Stufe als der Klient einbringt.

BEISPIEL

Beispiele für Reaktionen des Coach in unterschiedlich hohen Stufen

Klient: Ich war vor einigen Tagen auf einer Konferenz zum Thema Netzwerke, bei der ich viele Bekannte treffen wollte. Ich habe mich eigentlich sehr darauf gefreut! Ja, dann war ich dort, und neben den zahlreichen guten Geschäftspartnern tauchten auch frühere Kollegen auf, von denen ich mich im Streit getrennt hatte. Auf sie war ich gar nicht scharf. Da zog ich mich also lieber in eine Ecke zurück, ohne meine Bekannten zu treffen. Ja, das war schon komisch, wie sich das so plötzlich veränderte.

Der Klient berichtet über äußere Ereignisse und seine Reaktionen darauf, und ansatzweise auch über seine damit zusammenhängenden Gefühle (Experiencing-Stufe 3). Der Coach kann nun auf Stufen reagieren, die weit vom Klienten entfernt sind:

Coach-Antwort Stufe 1, ohne persönlichen Bezug: Wow, das Thema Netzwerke klingt interessant. Worum ging es da genau?

Coach-Antwort Stufe 6, unter Einbeziehung der eigenen Gefühle: Ich spüre, wie eine Traurigkeit bei mir aufkommt, wenn ich daran denke, wie einsam sie dann auf dieser Konferenz waren.

Idealerweise aber reagiert er auf einer Explorationsstufe, die nur geringfügig höher liegt als die des Klienten:
Coach-Antwort der Stufe 4, empathisch involviert: Hmm, ich höre von Ihnen, dass Sie voller Vorfreude zu der Konferenz gefahren sind, und dann sehr verunsichert, oder vielleicht auch verärgert waren, als Sie die früheren Kollegen gesehen haben.

Insofern bedeutet experienzielles Antwortverhalten im Coaching, sozusagen der Erlebensspur des Klienten zu folgen und sich in den Antworten auf das Selbsterleben des Klienten zu beziehen. Nach Möglichkeit versucht der Coach, sich dem Felt Sense zuzuwenden und ihn zu explizieren. Wenn er dann feststellt, dass der Klient seinen Bezugspunkt ändert und eine höhere Experiencing-Stufe erreicht, kann das als ein Vorankommen im Veränderungs- und Klärungsprozess gedeutet werden.

Im übernächsten Kapitel werde ich nochmal auf das Gesprächsverhalten des Coach zurück kommen. Davor aber werde ich mich noch der Frage nach der Indikation für experienzielles Coaching zuwenden.

6.3 Trilemma-Situationen als Ausgangspunkt

Sicher haben Sie schon von dem „Gesetz des Instruments" gehört. Es beruht auf der Beobachtung, dass Menschen, die mit einer bestimmten Vorgehensweise oder einem bestimmten Werkzeug gut vertraut sind, dazu neigen, dieses auch dann zu benutzen, wenn ein anderes Werkzeug besser geeignet wäre. Der Psychologe Abraham Maslow schrieb dazu:

„Ich glaube, es ist verlockend, wenn das einzige Werkzeug, das man hat, ein Hammer ist, alles zu behandeln, als ob es ein Nagel wäre." (Maslow, 1966, S. 15)

Ganz allgemein sollten Coaches nicht der Versuchung unterliegen, auf jedes vom Coachee genannte Anliegen mit ein und derselben Vorgehensweise zu antworten. Dies gilt ebenso für das experienzielle Coaching. Auch wenn das experienzielle Konzept auf viele Themen anwendbar ist, sollte genau überlegt sein, welcher Ausgangspunkt und welche Thematik sich für eine experiencing-orientierte Vorgehensweise eignet.

In Kapitel 2 habe ich einen kurzen Überblick über die Themen gegeben, die im Coaching üblicherweise bearbeitet werden. In der Regel geht es dabei um Fragen der Interaktion und Beziehungsgestaltung oder der Weiterentwicklung und Strukturierung arbeitsbezogener Situationen. Es geht also nicht nur um die eigene Person des Coaching-Klienten, sondern gleichzeitig auch um sein Umfeld und um eine gewisse Unklarheit, die der Klient im Blick auf sich und sein Umfeld hat.

Bei der Untersuchung verschiedener Coachingprozesse hat sich gezeigt, dass ein experiencingorientierter Prozess dann besonders indiziert ist, wenn der Klient seine Situation als sogenannte Trilemma-Situation schildert (Siegrist, 2020). Gemeint ist damit, dass der Klient sich auf eine Problemstellung bezieht, die einen doppelten Konflikt mit drei Eckpunkten beinhaltet:

- Zum einen erlebt der Klient ein Spannungsverhältnis zwischen sich und seinem Umfeld, also beispielsweise seinen Kollegen, seinen Kooperationspartnern, oder seiner Organisation. Dieses zeigt sich meist darin, dass ein problematisches Verhalten des Umfelds beschrieben wird, das sich auf irgendeine Art und Weise negativ auf den Klienten selbst auswirkt.
- Zum anderen erlebt der Klient eine Spannung in sich selbst, eine Ambivalenz, die ihn irritiert und verwirrt. Diese innere Spannung kann sowohl gefühlsmäßig als auch kognitiv auftreten, sich also in Form widerstreitender Gefühle oder auch in Form sich widersprechender Gedankengänge auftreten. Meist beinhaltet die erlebte Spannung sowohl affektive als auch kognitive Aspekte.

> ! Ein experiencingorientiertes Vorgehen ist dann besonders angezeigt, wenn sich die Situation des Klienten als Trilemma – als doppelter Konflikt mit drei Eckpunkten – darstellt.

Lassen Sie mich anhand des bereits zitierten Coachinggesprächs (Kapitel 6.1) verdeutlichen, was damit gemeint ist:

- Die Klientin berichtet von dem Verhalten ihrer Vorgesetzten. Sie empfindet dieses Verhalten als problematisch, bezeichnet es als schräg. Ihre Schilderung lässt den Eindruck entstehen, dass sie das Verhalten der Vorgesetzten und auch mancher Kollegen ihr gegenüber als anmaßend einordnet.
- Gleichzeitig beschreibt sie ihr eigenes inneres Spannungserleben: Einerseits empfindet sie ein hohes Verantwortungsgefühl, und im Widerspruch dazu steht eine unangenehme körperliche Reaktion, das Pochen. Dieses wiederum bringt sie mit ihrer Wut und Fassungslosigkeit in Verbindung, und sie

beginnt, über ihr Bedürfnis nach Nähe und nach gleichzeitiger Distanz nachzudenken.

Abbildung 2 zeigt eine grafische Darstellung dieser Situation als Trilemma.

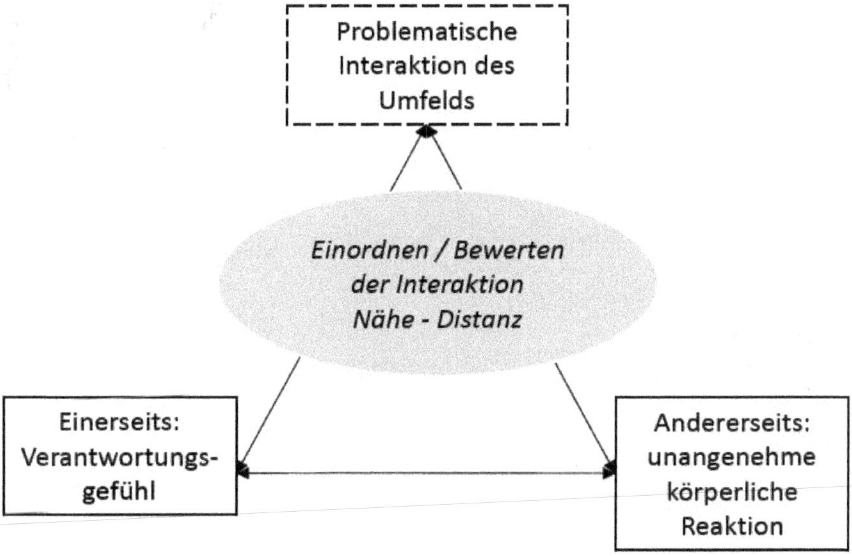

Abbildung 2: Trilemma-Beispiel

Es zeigt sich also eine Spannung auf der Achse Person-Umfeld, und gleichzeitig eine innere Spannung auf der Achse Person-Person. Diese beiden Spannungsachsen führen zu einem Trilemma, das ein Coachee zwar nicht immer explizit so zu beschreiben vermag, das sich bei genauer Betrachtung aber regelmäßig durch drei Eckpunkte definieren lässt. Einer der Eckpunkte wird durch das Verhalten des Umfelds gekennzeichnet, und die beiden anderen Eckpunkte durch affektiv-kognitive Wahrnehmungen und Prozesse, die der Klient in sich selbst trägt (Abb. 3).

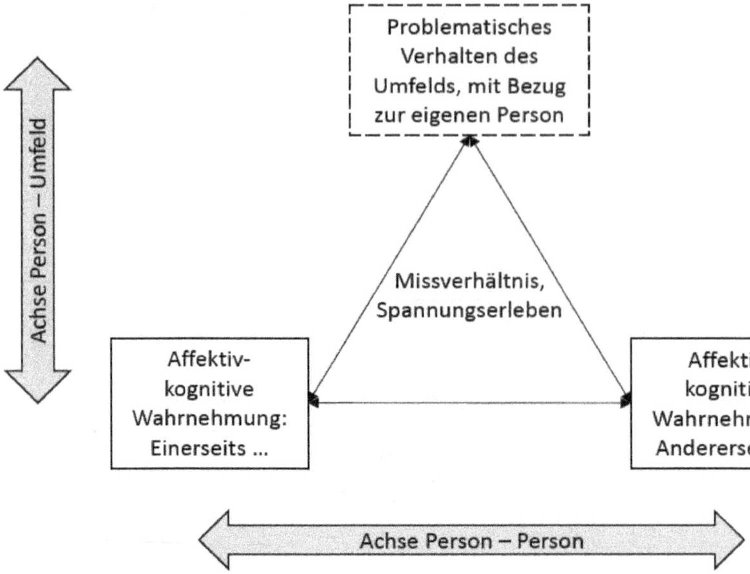

Abbildung 3: Trilemma-Situation

Typisch für das Trilemma ist, dass das Spannungserleben oder die Unklarheit zunächst alle drei Seiten des dargestellten Dreiecks betrifft, so dass eine einfache Lösung, ein Kompromiss oder eine eindeutige Positionierung nicht möglich erscheint.

Wenn im Coaching solche Situationsbeschreibungen auftauchen, die sowohl eine Spannung zwischen der eigenen Person des Klienten und seinem Umfeld (Achse Person – Umfeld) als auch eine Spannung im Erleben der Person selbst (Achse Person – Person) andeuten, können wir das als Indikation für ein experiencingorientiertes Vorgehen nutzen. Es lohnt sich daher, auf folgende Hinweisreize für experienzielles Coaching zu achten:

- Der Coachee beschreibt eine Unklarheit, die mit intensiven Gefühlsregungen einhergeht und für die er bisher noch kein tieferes Verständnis entwickeln konnte, für die er sich aber eine Veränderung wünscht.
- Der Coachee beschreibt ein Missverhältnis zu seinem Umfeld. Parallel dazu greift er unterschiedliche eigene Gedanken, Empfindungen oder Gefühle auf, die in einer gewissen Spannung oder Gegensätzlichkeit zueinander stehen.
- Zusätzlich zu den verbalen Inhalten kann auch das allgemeine Verhalten des Coachee Hinweise zum experiencingorientierten Vorgehen geben: Wenn

der Klient sein Verhalten im Coaching ändert, häufiger nachdenklich schweigt, nach Worten sucht, um ein Gefühl zu beschreiben, um Metaphern ringt oder körperliche Veränderungen zeigt, sollte dies die Aufmerksamkeit des Coachs wecken, auf innere Unklarheiten und auf Trilemma-Problematiken zu achten.

Umgekehrt sollte der Coach sich dessen bewusst sein, dass Experiencing nicht in allen Situationen als Lösungsweg genutzt werden kann. So können sich im Coaching Situationen ergeben, die als Kontraindikationen für experiencingorientiertes Vorgehen zu werten sind. Beispiele dafür, dass eine andere Vorgehensweise als das experienzielle Coaching angezeigt sein könnte, sind:

- Wenn der Coachee eine Situation beschreibt, die keine Unklarheit im Sinn einer Trilemma-Problematik beinhaltet, scheint experiencingorientiertes Vorgehen nicht besonders hilfreich für die Problemlösung oder die Zielerreichung zu sein.
- Reine Beschreibungen von Körpergefühlen ergeben noch keine hinreichende Indikation für einen Experiencing-Prozess. Solange sie nicht in Verbindung mit einem persönlichen Involviertsein und einer Unklarheit stehen, kann der Coachee sie nicht als Ressource im Sinn des Experiencing nutzen.
- Beschreibt der Coachee eine Situation, ohne diese mit einem Veränderungswunsch für seine eigene Person zu verbinden, wird vermutlich kein Anreiz vorliegen, der ihn zu einer vertieften Selbstexploration motiviert.
- Zurückhaltung ist geboten bei Menschen mit psychosomatischen Beschwerden. Sie können in der Regel weniger von einem Focusingprozess profitieren als andere. Beschreibungen von Körpererleben, die eher auf psychosomatische Beschwerden hinweisen, sollten nicht als Körpererleben im Sinn des Experiencing missverstanden werden.
- Auch wenn Experiencing und speziell Focusing eine gewisse Nähe zu therapeutischen Prozessen hat, sollte klar sein, dass ein therapeutischer Bedarf auch im experienziellen Coaching nicht abgedeckt werden kann.

Natürlich lassen sich die Indikationen und die Kontraindikationen für experiencingorientiertes Coaching nicht immer trennscharf voneinander abgrenzen. Meist müssen wir mit Hinweisreizen und Beobachtungen umgehen, die mehr oder weniger deutlich ausgeprägt sind. Hier wird auch ausschlaggebend sein, inwieweit der Coachee über eine gewisse Bereitschaft und eine Grundkompetenz zur Selbstexploration verfügt, so dass er in der Lage ist, sich vom Umfeld zu distanzieren und beim Selbsterleben zu verweilen. Die Fähigkeit zur Selbstexploration ist nicht bei allen Menschen gleich ausgeprägt, und eine schwach entwickelte Fähigkeit zur Selbstexploration wird eine intensivere Unterstützung durch den Coach erfordern, während eine stark ausgeprägte Selbstexplorations-Fähigkeit den Zugang zum Felt Sense erleichtert. Dies lässt sich aber nicht vorab erkennen, sondern wird sich erst im Lauf des Coachingprozesses zeigen.

6.4 Non-direktive Gesprächsführung

„Interessanterweise machte es jedoch einen großen Unterschied, ob die Ziele und Lösungen vom Coach oder vom Klienten / von der Klientin benannt wurden: Nur wenn der Klient / die Klientin die Ziele und Lösungen formulierte und der Coach zustimmte, wirkte sich dies positiv auf die Zielerreichung im Coaching aus. Waren die Rollen vertauscht, wenn also der Coach die Formulierung übernahm und der Klient daraufhin zustimmte, zeigte sich sogar ein negativer Effekt auf die Zielerreichung." (Gessnitzer et al., 2018, S. 40)

Wer sich intensiver mit dem Personzentrierten Ansatz beschäftigt hat, kennt die Diskussion darüber, inwieweit eine Beratung direktiv oder non-direktiv sein soll. Diese Diskussion möchte ich hier nicht aufgreifen, denn inzwischen liegt ja eine weitgehende Einigkeit darüber vor, dass wir in der personzentrierten Gesprächsführung dem Klienten keine Vorschriften darüber machen, was er auf welche Art und Weise bearbeiten soll, und dass wir gleichzeitig eben doch bereits mit dem Verbalisieren emotionaler Erlebensinhalte, also mit dem empathischen Beschreiben der Emotionen, die wir beim Gegenüber wahrnehmen, eine gewisse Richtung einschlagen und damit direktiv agieren.

Im Zusammenhang mit experienziellem Coaching kommt der non-direktiven Gesprächsführung eine spezifische Bedeutung zu, denn es sollte klar sein, dass Selbstexploration und und Experiencing zwar begleitet, nicht aber dirigiert oder gar verordnet werden können. Das würde zum einen dem humanistisch-personzentrierten Bild des Menschen als autonomes und sich selbst aktualisierendes Wesen widersprechen, und zum anderen auch der Erfahrung, dass Experiencing am ehesten in einem emotional und mental entspannten Zustand möglich ist. Direktive Vorgaben hingegen führen selten zu einer emotionalen und mentalen Entspannung.

Ein gelingender Experiencingprozess ist weniger von der methodischen Umsetzung abhängig als mehr von einem wohlwollenden und gewährenden Rahmen, der dem Klienten ermöglicht, in sich selbst Zusammenhänge und Ressourcen zu entdecken, ohne dass ihm dazu von außen Vorschriften gemacht oder Interpretationen vorgegeben werden. Es geht beim experienziellen Coaching also um ein Beziehungsangebot, das eine schrittweise Selbstöffnung und eine selbstgesteuerte und klärende Auseinandersetzung mit dem inneren Erleben ermöglicht und dadurch das autonome Entwickeln von Handlungs- und Lösungsstrategien fördert.

Zu dieser Art des Beziehungsangebots gehört selbstverständlich, Interesse am Selbsterleben des Klienten zu zeigen. Dazu dürfen auch Fragen gestellt werden, und es dürfen auch Vorschläge gemacht werden, wie das Erleben in Worte gefasst werden könnte. Diese bleiben aber Angebote, und der Klient entscheidet frei, ob er sie annimmt oder andere Worte für sein Erleben findet.

BEISPIEL

Coach: Das haben Sie sich offensichtlich nicht getraut, und es klingt so, als ob Sie sich gerade zurückgesetzt fühlen.
Klientin: Ja.
Coach: Habe ich das jetzt richtig zusammengefasst?
Klientin: Ja, so … oder ich weiß nicht, das zurückgesetzt, vielleicht können wir das irgendwie, das anders formulieren. Ähm, ja, im Prinzip, es geht schon um das, ich weiß nicht, das zurückgesetzt, das Wort ist vielleicht nicht so ganz…
Coach: Zurückgesetzt, zurückgewiesen? Nicht mehr… Wie würden Sie es formulieren?
Klientin: Ich weiß nicht. Eher vielleicht zurückgewiesen, unverstanden.
Coach: Unverstanden, okay. Mhm (bejahend).

Das non-direktive Gesprächsverhalten scheint zunächst im Widerspruch zu einem zielorientierten Vorgehen zu stehen, wie es beispielsweise von Siegfried Greif für das Coaching zu Recht gefordert wird (siehe Strukturmodell der Wirkungen, Kapitel 2.2). Hierzu ist anzumerken, dass ein experienzielles Vorgehen den Coach nicht davon entbindet, immer wieder für eine Rückkoppelung mit dem Gesamtanliegen und den Zielen des Coaching zu sorgen. Da Trilemma-Situationen häufig mit einer allgemeinen Unklarheit in Verbindung stehen, ist es hier für den Coachee allerdings oft nicht möglich, frühzeitig konkrete Ziele zu benennen. In der Regel steht zunächst einmal ein unspezifischer Wunsch nach Veränderung im Vordergrund. Der Prozess der Veränderung wird hier also mehr vom Ausgangspunkt bestimmt und weniger von einem vorab formulierten Zielpunkt. Die Erarbeitung eines Ziels kann dann Teil des Prozesses sein, wenn der Klient Erleichterung erlebt und eine neue Klarheit gewinnt, die ihn zu einer neuen Handlungsoption führt.

Zielorientierung und Prozessorientierung schließen sich nicht gegenseitig aus: Jeder in der Person stattfindende Prozess hat eine Richtung und strebt nach einer Lösung, die der Erhaltung oder Förderung des Organismus dient (Wiltschko, 2017). Die einzelnen Prozessschritte sind dabei von außen aber nicht vorbestimmbar, oft nehmen sie gar einen überraschenden Weg. Insofern sind die Ziele und die Schritte zum Ziel vom Coachee selbst zu entwickeln und im Prozess anzupassen. Diese Art der Kommunikation und der Zielentwicklung entspricht auch der Komplexität und Dynamik der postmodernen Arbeitswelt, in der oft nur die jeweils nächsten Schritte sichtbar sind (implizite Ziele) und längerfristige Planungen im Sinn explizit formulierter Ziele nur teilweise realisiert werden können (Hofmann, 2016).

Zielorientierung und Prozessorientierung schließen sich nicht gegenseitig aus: Jeder in der Person stattfindende Prozess strebt nach einer Lösung.

6.5 Ausstiegsmomente und Prozessabbrüche

Dass Coaching auch unerwünschte Nebenwirkungen hervorbringen kann, und dass es auch Frustrationen gibt, die zum Abbruch von Coachings führen, darauf hat in den letzten Jahren insbesondere der Coachingforscher Carsten Schermuly (2019) hingewiesen. Diese negativen Effekte treten unter anderem dann auf, wenn der Klient im Coachingverlauf nicht die gewünschte Veränderung oder Handlungsperspektive erlebt.

Auch im experienziellen Coaching gibt es kritische Phasen, in denen der Prozess ins Stocken gerät oder gar abbricht. Meist sind das Phasen, in denen der Klient sein Selbsterleben nicht oder nicht mehr für eine Veränderung nutzen kann, oder in denen das Geschehen so weit stagniert, dass sich trotz intensiver Auseinandersetzung keine Erleichterung beim Klienten einstellt. Diese Erfahrungen müssen nicht automatisch zu einem Coachingabbruch führen, trotzdem scheint gerade im experienziellen Coaching wichtig: Der Prozess ist erst dann am Ziel, wenn der Klient einen Lösungsansatz im Sinn einer veränderten Haltung oder Handlung gefunden hat.

Kritische Ausstiegsmomente lassen sich in jedem der vier Schritte des Veränderungsprozesses beobachten:

Schritt 1 – Der Ausstieg noch vor dem Einstieg: In Kapitel 6.3 habe ich Trilemma-Situationen als Ausgangspunkt für einen experienziellen Coachingprozess dargestellt. Wenn nun der Klient in der ersten Phase des Prozesses seine Situation schildert, zeigt sich die Trilemma-Situation nicht immer so markant, dass die Trilemma-Eckpunkte eindeutig benannt werden könnten. Beschreibt der Klient beispielsweise ein Problem, das sich auf sein Verhältnis zu seinem Umfeld bezieht, ohne aber gleichzeitig ein inneres Dilemma zu benennen, bleibt offen, ob hier wirklich ein Trilemma vorliegt. Solange dies für den Coach noch nicht geklärt ist, reicht die Schilderung des Klienten nicht als Indikation für ein weiteres experienzielles Vorgehen aus. Möglicherweise könnte dann auch ein anderes Vorgehen oder eine andere Methode angezeigt sein.

Aufgabe des Coach ist in diesem Fall, zunächst gemeinsam mit dem Klienten die Problemstellung ausführlich zu explorieren. Das gibt dem Klienten die Möglichkeit, auch für sich selbst festzustellen, ob die geschilderte Situation von einer innerlich erlebten Spannung begleitet wird. Dies könnte dann weiter in den experienziellen Prozess hinein führen.

Schritt 2 – Fehlende Verlagerung des Bezugspunkts: Das experienzielle Veränderungsmodell geht davon aus, dass im Verlauf des Prozesses eine Verlagerung des Bezugspunkts von außen nach innen stattfindet. Während es bei der Situationsbeschreibung nachvollziehbar ist, dass der Fokus des Klienten auf das Umfeld gerichtet ist und er seine eigene innere Beteiligung nur ansatzweise explorieren kann, bedarf es im weiteren Verlauf eines „referring inward“, um das eigene Erleben als Ressource nutzen zu können. Ist der Coach nicht sicher, inwieweit der Klient seinen Bezugspunkt auch tatsächlich nach innen verlagert, kann er die Experiencing-Skala zu Rate ziehen: Die Verlagerung „nach innen“ geht einher mit der Stufe 4 oder höher auf der Experiencing-Skala. In der Regel geschieht dieses „referring inward“ im Rahmen des zweiten Prozessschritts, des Vertiefens der Situationsbeschreibung.

Wenn die Fähigkeit des Klienten zur Selbstreflexion und zur Selbstexploration nur schwach ausgeprägt ist, kann es sein, dass er bei der äußeren Beschreibung der Situation verharrt, ohne die eigene innere Beteiligung zu reflektieren. Dann bedarf es der Unterstützung durch den Coach, um den eigenen Bezugspunkt nach innen zu verlagern.

Wenn die Situation weitgehend dargestellt ist und es zur Vertiefung kommt, kann der Coach seine eigene Aufmerksamkeit weg vom Umfeld und hin zum Erleben des Klienten richten. Er fragt dann nicht mehr nach Details zum Problem oder zur Situation, sondern mehr nach den aktuellen Wahrnehmungen und Gefühlen des Klienten. Ergänzend kann er dem Klienten auch seine eigene Wahrnehmung zur Verfügung stellen – allerdings nicht die Wahrnehmung zur Situation insgesamt, sondern die Wahrnehmung dessen, was er gerade beim Klienten selbst beobachtet.

Schritt 3 – Fehlende Distanzierung vom Umfeld: Eine wesentliche Voraussetzung, damit der Klient seine Aufmerksamkeit nach innen richten kann, ist die Distanzierung vom Umfeld. Erst dann, wenn es ihm gelingt, auf der Person-Umfeld-Achse den gebührenden Abstand herzustellen, wird er innerlich frei sein, um sich dem Selbsterleben zuzuwenden. Bei Themen, die den Klienten emotional in Anspruch nehmen, wie das unter anderem bei zwischenmenschlichen Konflikten oder bei persönlichen Enttäuschungen der Fall ist, gelingt diese Distanzierung aber nicht ohne Weiteres und bedarf gegebenenfalls der Unterstützung durch den Coach. Spätestens in der Phase des Verweilens beim Selbsterleben ist es unabdingbar, dass der Klient so weit vom Umfeld losgelöst ist, dass er sich nicht mehr intensiv mit diesem beschäftigen muss, sondern sich der Auseinandersetzung mit sich selbst widmen kann.

Zu beachten ist hier, dass Distanzierung vom Umfeld nicht gleichzusetzen ist damit, dass der Klient das Verhalten seines Umfelds negativ bewertet, oder dass ihm dieses Verhalten gleichgültig ist. Für einen experienziellen Prozess bedarf es aber einer gewissen inneren Unabhängigkeit und Freiheit, die erst dann erreicht ist, wenn das Umfeld bzw. das Verhalten des Umfelds nicht mehr im Fokus der Aufmerksamkeit steht.

Im Coaching geschieht es immer wieder, dass Coachs auch in der Phase der Vertiefung der Situationsbeschreibung oder in der Phase des Verweilens beim Selbsterleben weitere Fragen zum Umfeld stellen oder das Verhalten des Umfelds kommentieren. Dies wirkt sich meist kontraproduktiv auf die Auseinandersetzung mit dem Selbsterleben aus und kann unter Umständen zu einem Abbruch des experienziellen Prozesses führen.

Schritt 4 – Emotionale Belastung ohne Lösung: Manchmal wiegen emotionale Belastungen so schwer, dass sie trotz der Bemühungen des Klienten nicht im Sinn eines Felt Sense wahrgenommen werden können, und dass ihre Bedeutung für die Fragestellung des Klienten nicht konstruktiv expliziert werden kann. Dann ist der vorantragende Prozess des Experiencing gefährdet, weil die Gefühle belastend bleiben und nicht in eine Erleichterung im Sinn des Felt Shift münden. Wenn der Coachee in diesem Fall lange beim inneren Erleben verweilt ohne dass sich für ihn Neues ereignet, besteht die Gefahr, dass die Belastung sich verfestigt und keine konstruktive Lösung entsteht. In diesem Fall scheint es nicht angebracht, die Auseinandersetzung mit den Emotionen und Affekten weiter zu forcieren. Hier sollte eher ein Themenwechsel in Erwägung gezogen werden. Vor allem aber bedarf es dabei einer Klärung, wie und in welchem Rahmen die belastende Problematik bearbeitet werden kann, damit der Klient nicht perspektivlos seinen belastenden Gefühlen überlassen bleibt. Im Einzelfall kann dann ein eher therapeutischer Rahmen für die weitere Bearbeitung angezeigt sein.

!

Der Prozess ist erst dann am Ziel, wenn der Klient einen Lösungsansatz im Sinn einer veränderten Haltung oder Handlung gefunden hat.

6.6 Umgehen mit Zweifeln und Unsicherheit

BEISPIEL

Coach: Es ist interessant: Sie spüren das richtig körperlich, wo es Ihnen gut geht.
Klientin: Ja, ich spüre das. Ja. Ich spüre das. Der Bauch, das ist ganz wichtig, und ich spüre das hier. Ich sehe dieses Bild: Ich darf in meinem Raum sein, ein bisschen so ein Kreativ-Raum. Da kriege ich hier so ein gutes, warmes Gefühl. (Pause) Ja, und am Ende dreht es sich tatsächlich genau darum. ... Ja, da wäre ich dann zufrieden. Da weiß ich, ich könnte mich das ganze Wochenende einsperren. Hätte eine Riesenfreude daran, an dieser Konzeption zu schreiben.
...
Klientin: Das muss auch noch im Kopf klar werden. Es ist ja auch, also wenn ich jetzt heute Abend nach Hause komme, gibt es ein gemeinsames Essen, das ist immer so, aber dann geht jeder wieder seiner Wege. Und der meines Mannes geht dann relativ schnell zu seinem Computer, weil er arbeitet auch viel und gerne. Wir ticken an der Stelle da sehr gleich. Und es geht eigentlich schon damit los zu sagen: Können wir jetzt mal bitte hier am Tisch sitzen und das mal richtig besprechen? Das ist eigentlich das, was wir kaum tun, mit keinem Thema. Das ist so typisch für uns auch. Wir funktionieren wie so ein Schweizer Uhrwerk tatsächlich in diesen Wissensfragen und finden – haben auch immer eine Lösung gefunden. Aber das ist eben auch das, was mich jetzt so ein bisschen verrückt macht. Weil, ich will das jetzt mal so ein bisschen klar haben, wahrscheinlich weil ich mir davon erhoffe, dass sein Bild über mich dann auch klarer ist. Dass es nicht nur darum geht, wer betreut die Kinder wann, sondern was ist eigentlich die große Vision mit mir, ja. Oh je. (Pause) Es fühlt sich gerade komisch an, so (Pause). So ein bisschen wie ein gelichteter Nebel

> und jetzt liegt so eine große Fläche vor mir (lacht) und ich weiß nicht, wo ich hinrennen soll, nicht?
> Coach: Das ist so ein bisschen Neuland, das Sie da betreten, oder?
> Klientin: Ja, also tatsächlich dieses Zusammensitzen und Dinge klären, das ist nicht unsere Stärke. Aber ich brauche das jetzt, sonst komme ich ja nicht weiter. Und das ist tatsächlich Neuland. Das ist ja auch nicht so, dass man es nimmt und dann ist es da und dann funktioniert es oder fügt sich so oder so ein (Pause). Ja, alles irgendwie komisch.
> Coach: Komisch. Wie ist das mit dem Komischen? Ist es ungewohnt? Unangenehm?
> Klientin: Nein, eher ungewohnt. Ja, ungewohnt. Es ist so ein bisschen Abenteuer. Vielleicht auch ein Risiko (Pause) aber es gefällt mir. (Auszug aus einem Coachinggespräch)

Die Coaching-Klientin in unserem Beispiel spricht über ihre berufliche Überlastung und entwickelt dann aus dem Felt Sense heraus die Idee, dass sie sich einen Kreativ-Freiraum nehmen sollte. Übertragen in einen konkreten Handlungsplan würde das in ihrem Fall bedeuten, dass sie sich am Wochenende zurückzieht, um an einer Konzeption zu schreiben.

Nachdem nun dieser Lösungsansatz erarbeitet ist, merkt die Klientin, dass „im Kopf" noch etwas klarer werden muss. Um ihren Handlungsplan umzusetzen, müsste sie das Gespräch mit ihrem Mann suchen. Etwas ist für sie komisch daran. Der Nebel hat sich zwar gelichtet, aber sie findet keine Richtung, weiß nicht wo sie hinrennen sollte. Eine gewisse Unsicherheit kommt auf, ob sie ihren Plan auch wirklich umsetzen kann.

Das Beispiel zeigt, dass die Klarheit, die im Rahmen von Experiencing entsteht, nicht immer direkt zu einer vollumfänglichen Lösung oder einem sicheren Handlungsplan führt. Es können auch Reste von Unklarheit zurückbleiben oder im Prozess gar neue Fragen auftauchen, die den Klienten verunsichern oder an seiner Lösung zweifeln lassen.

In der Focusing-Methode (Kapitel 5.2) ist im Zusammenhang mit dem sechsten Schritt, dem „Empfangen und Schützen", von einem inneren Kritiker die Rede, der dazu neigt, die Lösung zu entwerten oder in Frage zu stellen. Auch im Coaching kann ein solcher innerer Kritiker auftreten. Ebenso können sich äußere Rahmenbedingungen als Hindernis herausstellen, das einer Lösung entgegensteht. Diese sollte der Coach ernst nehmen. Es könnte sich ein weiterer Klärungsprozess anschließen, bei dem der Coachee für sich klärt, wie er mit den inneren und äußeren Hürden umgehen kann.

Um das Erarbeitete auch im Coaching zu schützen, ist regelmäßig zu empfehlen, dass der Coach am Ende des Prozesses darauf achtet, das Ergebnis ausreichend zu würdigen. Dabei sollte er allerdings Zweifel und Restunsicherheiten nicht ausblenden oder bagatellisieren, sondern sie als dazugehörig akzeptieren und darauf eingehen. In unserem Gesprächsbeispiel geschieht das, indem der Coach die von der Klientin angebotene Metapher des gelichteten Nebels und der großen Fläche aufgreift, zum Bild des Neulands weiterentwickelt und sich interessiert dafür zeigt, wie die Klientin dieses Neuland erlebt. Sie kann es dann positiv für sich deuten und wird im weiteren Gesprächsverlauf noch überlegen, wann sie das entsprechende Gespräch mir ihrem Mann führen wird.

Zweifel und Unsicherheiten gegen Ende des Experienziellen Prozesses dürfen ihren Raum haben. Wir sollten sie allerdings nicht deuten als etwas, das den ganzen Prozess und die erarbeitete Lösung in Frage stellt. Vielmehr helfen sie uns – wenn wir darauf eingehen – das Erarbeitete zu schützen, so dass der Klient seine neue Haltung oder sein neues Vorhaben tatsächlich nachhaltig umsetzen kann.

7 Methodische Impulse

Im Konzept des Experiencing geht es nicht in erster Linie darum, bestimmte Tools anzuwenden, sondern um ein grundlegendes Verständnis unserer menschlichen Entwicklung, das sich in der Art und Weise, wie wir im Coaching vorgehen, wiederspiegelt. Im experienziellen Coaching gilt unser Interesse nicht nur äußeren Rahmenbedingungen und den Geschehnissen, mit denen die Klientin umgehen muss, sondern ebenso dem inneren Erleben, und zwar sowohl dem Erleben der Klientin als auch dem der Coach.

So will ich in diesem Kapitel zunächst darauf eingehen, wie Sie Methoden, die Sie bereits kennen, mit einer experienziellen Ausrichtung anwenden können. Im Anschluss will ich Ihnen einige Methoden vorstellen, die sich besonders gut für ein experienzielles Vorgehen eignen. Sie sind als Impulse gedacht, die Ihnen helfen sollen, Ihren eigenen Werkzeugkoffer für experienzielles Coaching zu entwickeln und zu ergänzen. Generell werden Sie merken, dass hierfür eine große methodische Breite in Betracht kommt, so dass die Impulse, die ich gebe, nur einen Teil der Möglichkeiten abdecken können. Lassen Sie sich also inspirieren, auch bei der methodischen Umsetzung Ihrem eigenen experienziellen Weg zu folgen.

7.1 Experienzieller Methodengebrauch

Es mag sein, dass Sie bisher gute Erfahrungen zum Beispiel mit systemischer Beratung gemacht haben, oder mit dem integrativen Beratungsansatz, mit der psychodynamischen Orientierung oder einer anderen Ausrichtung. Experienzielles Coaching fordert von Ihnen nicht, diese Ansätze über Bord zu werfen, sondern kann sie dort ergänzen, wo zuvor körperliche und emotionale Aspekte zu kurz gekommen sind. Sicher haben Sie bisher beim Lesen schon eine Idee davon bekommen, wie diese Ergänzung aussehen könnte. Ich will sie hier konkretisieren.

Verweilen beim Selbsterleben: Ein zentraler Aspekt des experienziellen Prozesses ist das Verweilen beim Selbsterleben. Wenn Klientinnen das „referring inward“ gelingt, ist die Auseinandersetzung mit dem Selbsterleben in der Regel interessant und ergiebig, so dass sie oft automatisch dort verweilen. Dieses Verweilen gilt es durch eine entsprechende Gesprächsführung zu unterstützen.

Selbsterleben zeichnet sich nicht immer durch eine explizite Bezugnahme auf ein körperlich spürbares Gefühl aus. Es kann Gesprächssituationen geben, bei denen die Klientin auch andere Kanäle nutzt, um den Zugang „nach innen" und zu bis dahin verborgenen Aspekten des Erlebens zu finden und in Worte zu fassen. Hier lohnt das Verweilen beim Selbsterleben, um auch die eher implizite Bedeutung des Gesagten zu verstehen, eventuell Symbole (Worte, Bilder etc.) dafür zu finden und daraus auch Lösungen abzuleiten. Die Coach sollte sich also immer wieder bewusst sein, dass das Selbsterleben und der Felt Sense auf unterschiedliche Art und Weise auftauchen können, und dass für die Exploration dann unterschiedliche Kanäle genutzt werden können. Solche Kanäle können sein (Kern, 2015):

- Kinästhetischer Kanal: Welche Körperempfindungen kann die Klientin bei sich entdecken? Entstehen im Gespräch bestimmte Handlungsimpulse, die sie am liebsten direkt umsetzen würde?
- Visueller Kanal: Welche Bilder, Imaginationen oder Assoziationen entstehen? Findet die Klientin eine Metapher für das, was sie gerade erlebt?
- Akustischer Kanal: Manchmal sind es einfache Worte oder innere Sätze, Töne oder Melodien, die durch das Verweilen beim Selbsterleben entstehen. Diese gilt es aufmerksam wahrzunehmen und weiter zu explorieren, so dass ihre Bedeutung erfasst werden kann.
- Affektiv-emotionaler Kanal: Wenn die Klientin ihre Emotionen benennen kann, lohnt es, auch diese im Einzelnen zu reflektieren: Wie lässt sich die einzelne Emotion möglichst genau beschreiben? Verändert sich die Emotion im Lauf des Gesprächs? Wie versteht die Klientin ihre Emotion? Welche Botschaft steckt darin?
- Bedeutungsbildung: Welche Gedanken kommen der Klientin in den Sinn? Es könnte sein, dass diese Gedanken zunächst undenkbar erscheinen und sie deswegen nicht wagt, sie bewusst zuzulassen oder gar auszusprechen. Dabei könnten gerade diese Gedanken, die am Rand der Gewahrwerdung auftauchen, hilfreich für das Vorankommen sein.

Jeder dieser Kanäle kann dienlich sein, das Selbsterleben zu erforschen und daraus neue Erkenntnisse zu schöpfen. Wichtig ist allerdings, dass der Fokus auf dem gegenwärtigen Geschehen liegt und nicht auf Empfindungen, die irgendwann in der Vergangenheit bedeutsam waren. Wenn die Klientin also beispielsweise von einem großen Ärger berichtet, den sie in einer zwei Wochen zurückliegenden Situation verspürte, ist nicht so sehr der damalige Ärger von

Bedeutung, sondern vielmehr die Frage, was heute, jetzt gerade, wenn sie die Situation schildert, in ihr vorgeht. Hier spielt der Bezugspunkt eine große Rolle: Wenn es der Klientin gelingt, ihr aktuelles Erleben zu spüren und zu beschreiben, gehen ihre Äußerungen nicht mehr von einem äußeren, sondern von einem inneren Bezugspunkt aus.

! Wichtig beim Selbsterleben ist, dass der Fokus auf dem gegenwärtigen Geschehen liegt und nicht auf Empfindungen, die irgendwann in der Vergangenheit bedeutsam waren.

Die Unterstützung der Coach besteht darin, dass sie im Gespräch ausreichend Raum und Zeit für das Verweilen beim Selbsterleben zur Verfügung stellt und ihr eigenes Kommunikationsverhalten auf das Erleben der Klientin ausrichtet.

Sie könnte beispielsweise ganz allgemein fragen: „Nun haben Sie mir ja einiges berichtet über diese Situation, die damals aufgetreten ist. Wenn Sie jetzt einen Moment innehalten und darauf achten, was das Erzählen gerade in Ihnen auslöst – mögen Sie mir dazu etwas sagen?"

Oder: „Was passiert da gerade in Ihnen, wenn Sie mir diese ganze Sache erzählen?"

Alternativ kann sie ihre Frage auch spezifisch auf einen der oben genannten experienziellen Kanäle ausrichten, denn häufig geben Coachees durch ihr Verhalten oder ihre Worte bereits Hinweise darauf, auf welchem Kanal sie momentan besonders ansprechbar sind.

Erlebensbezogenes Antworten: Gendlin (1968) hat früh Regeln für das erlebensbezogene Antworten in therapeutischen Gesprächen formuliert, die sich unabhängig von der sonstigen methodischen Vorgehensweise umsetzen lassen. Ergänzt um die Besonderheiten des Coaching geben diese Regeln die Richtung der erlebensbezogenen Gesprächsführung vor:

- Wir achten auf das Körpererleben und die Gefühle und geben der Klientin Raum, diese differenziert zu beschreiben.
- Wir versuchen, die gefühlte Bedeutung des aktuellen Erlebens zu erfassen und diese Bedeutung zu explizieren.
- Wir schlagen verschiedene Richtungen der gefühlten Bedeutung vor, um die Selbstexploration zu fördern und um einen erlebensmäßigen Fortschritt zu ermöglichen. Dabei achten wir darauf, dass wir unsere Vorschläge als Op-

tion oder als Angebot formulieren, so dass der Klientin die Freiheit bleibt, die Vorschläge aufzugreifen, abzulehnen oder daraus eine neue Bedeutung oder neue Formulierung abzuleiten.

- Wir folgen der Erlebensspur der Klientin. Wir gehen ihr nicht voraus, wir geben keine Richtung vor und bestimmen auch nicht, wie die Erlebensspur auszusehen hat.
- Wir gehen davon aus, dass das Erleben sich im Verlauf des Coachinggesprächs fortsetzt und vertieft. So verbinden wir mit jedem Explizieren die Erwartung, dass neue Aspekte sich entfalten können, denen wir dann wiederum Raum geben.
- Wir achten auf die Verlagerung des Bezugspunkts. Je mehr dieser sich nach innen verlagert, desto intensiver ist der experienzielle Prozess.

In der Begleitung von Focusingprozessen werden für diese Art der Gesprächsführung auch die Begriffe „Listening“ und „Guiding“ verwendet (Renn, 2016, S. 116). **Listening** kennzeichnet das Zuhören im Sinn dessen, dass die Coach möglichst nah am Erleben der Klientin ist und ihr quasi Schritt für Schritt folgt. **Guiding** im Sinn von Führen oder Lenken meint nicht, deutend oder interpretierend in die Prozessinhalte einzugreifen, sondern bezieht sich auf das Hinführen zum Impliziten, also zum Spüren und Fühlen, und darauf aufbauend ebenso auf das Hinführen zum Expliziten, also zum Herausarbeiten der Bedeutung des Erlebens.

> **!** **Listening** kennzeichnet das Zuhören im Sinn dessen, dass die Coach möglichst nah am Erleben der Klientin ist und ihr quasi Schritt für Schritt folgt.

Zurücksagen: Aus der personzentrierten Beratung kennen wir die Techniken der Gesprächsführung, mit denen wir unser Beziehungsangebot und unsere Empathie besonders gut zum Ausdruck bringen können:

Beim Spiegeln geben wir der Klientin in eigenen Worten das zurück, was wir von ihr an Inhalten, Gefühlen und Bedürfnissen verstanden haben. Das Spiegeln bewirkt unter anderem, dass die Klientin sich selbst bewusster wahrnehmen und reflektieren kann.

Eine häufig genutzte Variante des Spiegelns ist die des Paraphrasierens. Beim Paraphrasieren wiederholen wir das, was wir gehört haben, nochmal mit eigenen Worten. Damit ermöglichen wir der Klientin einen Abgleich, ob wir das, was sie mitteilen wollte, auch richtig verstanden haben. Und beim Verbalisieren Emotionaler Erlebensinhalte beziehen wir uns auf die Emotionen, die wir bei der Klientin wahrnehmen. Durch das Verbalisieren machen wir der Klientin ein Angebot, auf dessen Grundlage sie ihrem emotionalen Erleben weiter nachgehen kann. Und wir signalisieren ihr damit unser Bestreben, uns in ihre Gefühlswelt hinein zu versetzen.

Im experienziellen Coaching kommt ein weiterer und ergänzender Aspekt der Gesprächsführung hinzu. Im Rahmen der Symbolisierung geht es darum, ein Wort, eine Überschrift, eine Metapher zu finden für das, was sich im Selbsterleben zeigt. Die Klientin begibt sich also in eine Suchbewegung des Explizierens, bei der einzelne Worte, wenn sie möglichst präzise formuliert sind, eine besondere Rolle spielen.

Als Coach können wir in dieser Phase besonders auf unsere eigenen inneren Resonanzen achten. Wir können unser eigenes Experiencing nutzen, um das Erleben der Klientin zu explorieren oder herauszuarbeiten. Das geschieht nicht, indem wir über unsere eigenen Gefühle sprechen, sondern indem wir unsere eigene Resonanz als Anlass nehmen, um mit der Klientin innezuhalten und das, was sie gesagt hat, wirken zu lassen. Dazu bedienen wir uns der Technik des Zurücksagens. Beim Zurücksagen wiederholen wir wörtlich und möglichst genau bestimmte Worte, oder auch bestimmte Gesten der Klientin, die im Zusammenhang mit dem Felt Sense (und zwar unserem eigenen und dem der Klientin) stehen.

BEISPIEL

Klient: Das ist so viel, was die von mir wollen, ich weiß gar nicht, wo ich anfangen soll. … In mir drin dreht sich alles. Ja, alles dreht sich in mir, ganz durcheinander und wild. Mir wird ganz schwindelig.
Coach: Ihnen wird schwindelig.
Klient: Ja, schwindelig. Alles rast an mir vorbei, alles dreht sich vor meinen Augen.
Coach: Hmm, schwindelig. Wollen Sie da mal kurz innehalten? Dem Schwindel nachspüren?
Klient: Es ist unangenehm. Ich will nicht, dass mir schwindelig ist.
Coach: Wie kommt denn der Schwindel zustande? Dreht sich alles ganz schnell? Oder ist es so vieles, was sich dreht?
Klient: Es hört nie auf. Geht immer weiter. Ich komme da nicht raus! Ja, das ist das Problem: es nimmt kein Ende. (Auszug aus einem Coachinggespräch)

Zurücksagen im experienziellen Sinn geht über das reine Spiegeln hinaus. Spiegeln kann, ebenso wie das Paraphrasieren, ohne eigene innere Resonanz stattfinden. Beim Zurücksagen halten wir, bevor wir etwas sagen, kurz inne, achten auf unsere eigene Resonanz und sagen dann das zurück, was Resonanz in unserem Selbsterleben hervorruft. Wir benutzen aber keine eigenen Worte oder Betonungen, sondern geben genau das wieder, was wir von der Klientin gehört haben. So können diese Worte in ihr weiter wirken und ihre Bedeutung entfalten, oder im weiteren Prozess durch noch besser passende Worte abgelöst werden. Unser Zurücksagen drückt damit gleichzeitig eine Frage aus, ohne dass wir diese aussprechen: „Ist es genau das? Ist es genau so? Oder etwas anders?". Dadurch wird die Klientin zum Vergleichen mit ihrem inneren Erleben angeregt und kann einen weiteren Schritt gehen.

> **!** **Beim Zurücksagen wiederholen wir wörtlich und möglichst genau bestimmte Worte, oder auch bestimmte Gesten der Klientin, die im Zusammenhang mit dem Felt Sense (und zwar unserem eigenen und dem der Klientin) stehen.**

Im Beispiel des zitierten Coachinggesprächs ist es das Wort „schwindelig", das eine Resonanz in der Coach auslöst, so dass sie dieses zurücksagt. Der Klient beginnt dadurch, sich ausführlicher mit seinem gefühlten Schwindel auseinander zu setzen. Am Ende kann er differenzieren: Es geht nicht um das Tempo oder die Menge, wie die Coach zunächst vermutet hat, sondern darum, dass er kein Ende oder keinen Ausweg sieht. Dadurch hat sich eine neue Ausrichtung für das Coachinggespräch ergeben, an der der Klient nun weiterarbeiten kann.

Felt Sense und Felt Shift: Mit dem Felt Sense und dem Felt Shift stehen uns zwei Konstrukte zur Verfügung, die wir im experienziellen Coachingprozess als zentrale Wegmarken nutzen können. Das experienzielle Veränderungsmodell dient dabei quasi als mentale Landkarte, und wenn auf dem Weg, den die Klientin einschlägt, an einer Stelle ein Felt Sense auftaucht, sich weiter entwickelt und dann zum Felt Shift führt, können wir davon ausgehen, dass daraus eine konstruktive Lösung entstehen wird.

Für die Coachingpraxis bedeutet das, unabhängig von der jeweiligen Methode zunächst innerlich Ausschau zu halten nach dem Felt Sense. Wenn dieser gefunden ist und die Klientin die Bedeutung hinreichend expliziert hat, sollte die Coach darauf achten, dass der Prozess noch eine kleine Fortsetzung benötigt. Gemeint ist damit der Felt Shift, also die gefühlte Erleichterung. In Kapitel 6.5 habe ich darauf hingewiesen, dass eine emotionale Belastung ohne Lösung einen Prozessabbruch nach sich ziehen würde. Damit dies nicht eintritt, sollte die Klientin darin unterstützt werden, tatsächlich so lange beim Felt Sense zu verweilen, bis sie zum Felt Shift durchdringt. Erst dann ist der Prozess vollständig. Dabei sollte immer wieder berücksichtigt werden, dass der Felt Sense nicht statisch ist, sondern sich prozesshaft weiterentwickelt:

> *„Nochmal muss ich betonen, dass ein Felt Sense nicht einfach da ist, unten drunter, bevor er auftaucht. Der zentrale Prozess ist immer fortlaufend, doch nur wenn man die Aufmerksamkeit auf ihn richtet – und wartet –, bildet sich ein Felt Sense und taucht auf. [...] Das Auftauchen eines Felt Sense ist eine körperliche Veränderung, und es entsteht daraus eine weitere Veränderung, wenn gestaltetes Erleben daraus entsteht. Die Worte oder Bilder, die daraus hervorgehen, sind oft einzigartig, kreativ und komplexer, als gewöhnliches Erleben ist. Die neuen Worte, Bilder, Emotionen waren nicht bereits ein Teil des Felt Sense. Sie gehen daraus hervor und verändern ihn doch. Wir sagen, der Felt Sense wird durch sie weitergetragen." (Gendlin, 1996, S. 281)*

Zugangswege zum Körpererleben finden: Auch wenn bei der Arbeit mit den impliziten emotionalen Prozessen mehr Kanäle als das Körpererleben zur Verfügung stehen, zeigt sich die Auseinandersetzung mit den körperlichen Erfahrungen immer wieder als besonders fruchtbar. Voraussetzung dafür ist, dass das Körpererleben nicht als eine Facette unter vielen ins Coachinggespräch einfließt, sondern bewusst aufgegriffen wird. Wenn die Klientin also beginnt, über ihr Körpererleben zu sprechen, sollte die Coach bewusst darauf eingehen und der Klientin die Gelegenheit geben, damit zu arbeiten, so dass sich daraus ein vorwärts tragender Prozess entwickeln kann.

Allerdings müssen wir im Coaching nicht passiv warten, bis die Klientin von sich aus über ihr Körpererleben spricht. Wir können das Körpererleben auch aktiv adressieren, und es stehen hierfür unterschiedliche Zugangswege zur Verfügung. Welchen der Wege wir aufgreifen, können wir situativ entscheiden:

- Körperwahrnehmung: Sie kann beispielsweise durch Fragen gefördert werden, die die Aufmerksamkeit der Klientin auf Körperempfindungen richtet: „Wie fühlt sich das an?", „Wo im Körper ist etwas zu spüren?", „Reagiert bei diesem Thema etwas in Ihrem Körper?", „Wenn Sie mit Ihrer Aufmerksamkeit durch Ihren Körper wandern: Empfinden Sie irgendwo etwas Besonderes: Ein Kribbeln zum Beispiel, oder ein Ziehen, einen Druck, Wärme, Kälte?". Wenn eine Körperwahrnehmung erkennbar wird, kann die Coach die Klientin auffordern, sich der entsprechenden Körperstelle freundlich zuzuwenden und die Wahrnehmung möglichst genau zu beschreiben.

- Atmung: Veränderungen in der Atmung können als Körpersignal genutzt werden. So kann die Klientin eingeladen werden, auf ihren Atem zu achten. Wenn sie den Atem in Verbindung mit einem Thema bringt, kann sie angeregt werden zu beobachten, ob und wie ihr Atem sich verändert. Zur Vorbereitung hierfür bieten sich kleinere Atemübungen an. Beispielsweise könnte die Klientin zunächst einmal ihren Atem im entspannten Zustand beobachten und dabei vor allem darauf achten, wie dieser sich im Brust- und Bauchraum möglichst weit ausbreitet. Dann könnte sie eingeladen werden, an ihr Thema oder ihr Problem zu denken und zu beobachten, ob sich beim Atem etwas verändert, bzw. was genau sich dort verändert. Eine andere Möglichkeit ist die, dass die Coach der Klientin rückmeldet, wenn sie im Gespräch eine Veränderung der Atmung beobachtet. Ergänzend zur Rückmeldung kann sie dann nach der Bedeutung dieser Veränderung fragen.
- Körperhaltung: Ähnlich wie die Atmung kann die Körperhaltung als Signal für das Erleben genutzt werden. Auch hier kann die Coach rückmelden, was sie beobachtet, und sie kann dann mit der Klientin erarbeiten, welche Bedeutung ihre Beobachtung möglicherweise im Blick auf das Thema hat. Ebenso kann die Klientin eingeladen werden, die aktuelle Körperhaltung mit dem besprochenen Thema zu verbinden, oder eine bestimmte Haltung zu verstärken oder zu übertreiben und dadurch zu verdeutlichen. Um einen Kontrast zu bilden, könnte sie ergänzend auch aufgefordert werden, eine gegenteilige Haltung einzunehmen und dieser nachzuspüren. Im Anschluss kann das Erlebte auf das Thema angewendet werden.
- Bewegung: Im Coachinggespräch entstehen manchmal unwillkürliche Gesten oder Bewegungen, die dann von der Coach angesprochen werden können. Eine weitere Möglichkeit besteht darin, die Klientin nach einem Bewegungsimpuls zu fragen und diesen anschließend weiter zu explorieren. Das Explorieren kann auch darin bestehen, dass die Klientin ihrem Bewegungsimpuls direkt nachgeht und dann vergleicht, ob sich durch das Umsetzen des Impulses eine Veränderung im Erleben ergibt.

> **!** Bei allen Facetten der körperlichen Erlebens sollte darauf geachtet werden, dass es nicht nur darum geht, diese körperlichen Aspekte wahrzunehmen, sondern sie vor allem auf ihre themenbezogene Bedeutung hin zu reflektieren.

7.2 Focusingprozesse im Coaching

Ich habe bereits darauf hingewiesen, dass Coachees im arbeitsweltlichen Kontext mitunter Mühe haben, Zugang zur Focusing-Methode zu finden. Dies gilt vor allem, wenn diese Methode fremd für sie ist oder wenn sie einem selbsterlebensorientierten Setting generell skeptisch gegenüber stehen. Andererseits lässt sich regelmäßig beobachten, dass Coachees Focusing dann als gewinnbringend erleben, wenn sie neugierig und offen sind für diesen besonderen Prozess der Aufmerksamkeitsfokussierung. Erforderlich ist in jedem Fall eine behutsame Hinführung durch die Coach, und ebenso eine gewisse eigene Erfahrung der Coach.

Die eigene Erfahrung scheint mir beim Focusing auch deswegen besonders wichtig zu sein, weil eine erlebensorientierte Methode ohne das eigene Erleben derselben letzten Endes nicht erlernt werden kann. Per Lehrbuch ist Focusing nur bedingt zu vermitteln. Dann aber, wenn die Coach selbst Erfahrung damit gesammelt hat und Focusing für sich selbst nutzen kann, und wenn sie die einzelnen Focusing-Schritte selbst schon umgesetzt hat, wird sie den Einsatz von Focusing mit einer größeren Sicherheit vorschlagen und umsetzen können. Auch wenn Focusing für Geübte durchaus allein, also ohne Gegenüber, durchführbar ist, basiert die Methode doch sehr auf dem Gespräch und der Anleitung durch ein Gegenüber. So bieten sich Einführungsseminare ins Focusing an, um die Methode kennenzulernen, aber auch Focusing-Partnerschaften oder die Teilnahme an sogenannten Changes-Gruppen. Die Angebote stehen inzwischen an verschiedenen Orten im deutschsprachigen Raum, auch virtuell, zur Verfügung und sind über das Internet leicht zu finden.

Verbände und Organisationen, die sich mit Focusing und Experiencing beschäftigen und Informationen zu Fortbildungen und anderen Angeboten zur Verfügung stellen, sind unter anderem:

- *Gesellschaft für Personzentrierte Psychotherapie und Beratung e.V. (GWG; www.gwg-ev.org): Hier finden sich sowohl personzentriert als auch experienziell und focusingorientiert ausgerichtete Angebote für den deutschsprachigen Raum*
- *European Network for Person-Centred and Experiential Psychotherapy and Counselling (PCE Europe, www.pce-europe.org): Im Europäischen Netzwerk sind Verbände aus 16 Ländern Europas zusammengeschlossen*
- *Focusing-Netzwerk (www.focusing-netzwerk.de): Ein deutsch-schweizerischer Zusammenschluss von Einzelpersonen und Instituten, die Focusing anbieten und weiterentwickeln*
- *Deutsche Focusing Gesellschaft Stiftung e.V. (www.dfg-focusing.de): Eine Plattform zur Vernetzung und Verbreitung von Focusing im deutschsprachigen Raum.*

Aus der neurowissenschaftlichen Forschung wissen wir, dass der Zugang zum Spüren körperlicher Phänomene am besten in einem Zustand entspannter Aufmerksamkeit gelingt. Der erste Schritt des Focusing, das Schaffen von Freiraum, bietet hierfür einen guten Rahmen.

> **!** **Der Zugang zum Spüren körperlicher Phänomene gelingt am besten in einem Zustand entspannter Aufmerksamkeit.**

Im Coachingprozess mag es zunächst überraschen, wenn wir der Coachee eine Übung der Entspannung und gleichzeitigen Aufmerksamkeitsfokussierung anbieten. Unsere Klientin kommt mit vielen Informationen und mit viel Wissen zu ihrem Anliegen ins Coaching, sie ist sozusagen mitten drin in ihrem Thema. Dieses Mitten-im-Thema-sein führt oft dazu, dass Details wichtig werden und die notwendige Distanz für eine Gesamtschau auf das Thema zunächst nur schwer gelingt. Durch den Schritt des Raum-Schaffens können wir zweierlei erreichen: Zum einen gibt dies der Coachee die Möglichkeit, ihre Aufmerksamkeit weg vom Umfeld und hin zum eigenen Erleben zu richten und damit eine zentrale Voraussetzung für den experienziellen Veränderungsprozess zu schaffen. Zum anderen kann durch den inneren Freiraum eine gewisse Distanz zur Dringlichkeit des Themas hergestellt werden, so dass die Klientin sich leichter auf das Problem als Ganzes beziehen kann, ohne dass sie sich in Details verlieren müsste. Die innere Resonanz, die dann entsteht, bezieht sich nicht auf Einzelheiten, sondern auf das Ganze.

Gendlin (1998, S. 64) gibt in seinem Buch „Focusing" eine kurze Anleitung, um Freiraum zu schaffen. Sie kann als Vorlage für eine entsprechende Übung im Coaching genutzt werden:

> *„Erst bitte ich Sie, einmal ganz ruhig zu sein. Entspannen Sie sich einen Moment. Nun gehen Sie mit Ihrer Aufmerksamkeit in Ihr Inneres, in Ihren Körper, vielleicht in Ihren Magen oder Ihre Brust. Achten Sie darauf, was dort vor sich geht, wenn Sie fragen „Wie steht es mit meinem Leben? Was ist im Moment für mich das Wichtigste?" Horchen Sie in Ihren Körper hinein, und lassen Sie die Antworten langsam von dort kommen. Wenn etwas auftaucht, dringen Sie nicht hinein. Treten Sie einen Schritt zurück und sagen Sie: „Ja, das ist da. Ich kann es hier fühlen." Lassen Sie einen kleinen Raum offen zwischen dem Etwas und Ihnen. Dann fragen Sie, was Sie sonst noch fühlen. Warten Sie erneut auf die Antwort. Normalerweise sind es mehrere Dinge."*

Um Raum zu schaffen und in einen Zustand der Entspannung und gleichzeitig der gegenwärtigen Aufmerksamkeit zu kommen, lassen sich verschiedene körperorientierte oder achtsamkeitsbasierte Methoden einsetzen. Wichtig ist dabei, dass das Schaffen des Freiraums in einer Haltung der unbedingten Akzeptanz geschieht. Das bedeutet: Weder die Coach noch die Klientin muss die Empfindungen bewerten, die da sind. Sie kann sich allem offen und freundlich zuwenden. Was auftaucht, darf so sein, muss weder als gut noch als schlecht eingeordnet werden – und zwar unabhängig davon, ob die Klientin die jeweilige Empfindung als angenehm oder als unangenehm erlebt. Wichtig ist in erster Linie, dass Coach und Coachee zunächst möglichst viel von dem, was in der Klientin vorgeht, gemeinsam wahrnehmen.

BEISPIEL

Ein gute Möglichkeit des Raum-Schaffens ist der **Body-Scan**. Er kann in verschiedenen Variationen durchgeführt werden. Für das Coaching empfiehlt sich folgende Anleitung.

„Nehmen Sie sich für die nächsten Minuten bewusst Zeit, sich auf sich selbst und Ihren Körper zu konzentrieren. Achten Sie darauf, dass Sie bequem auf Ihrem Stuhl sitzen und beide Füße fest auf dem Boden stehen. Lehnen Sie sich zurück, und wenn Sie mögen, schließen Sie die Augen.

Beginnen Sie bei Ihren Füßen. Versuchen Sie, von innen den Kontakt zu den Strümpfen zu spüren, und zu den Schuhen. Spüren Sie, wie Ihre Fußsohlen den Boden berühren.

Wandern Sie nun mit Ihrer Aufmerksamkeit ein kleines Stück weiter nach oben, dort wo Ihre Beine den Stuhl berühren. Nehmen Sie die Berührung zwischen der Sitzfläche und Ihren Oberschenkeln wahr. Und spüren Sie, wie Ihr Gesäß den Stuhl berührt. Wie fühlt sich das an?

Nehmen Sie alles freundlich wahr, so wie es ist.

Wenn Sie etwas an Ihrer Sitzposition verändern wollen, können Sie es einfach tun.

Dann spüren Sie, wo Ihr Rücken die Lehne berührt. Und wo vielleicht auch Ihre Arme den Stuhl berühren.

Vielleicht können Sie Unterschiede in Ihrem Körper bemerken: wärmere Stellen, kühlere Stellen. Angespannte Stellen, eher lockere Stellen. Nehmen Sie das weiter freundlich wahr, seien Sie wohlwollend zu allem was Sie entdecken.

Und achten Sie einen Moment auf Ihren Atem, auf das Einatmen und das Ausatmen. Wie sich Ihre Bauchdecke hebt und senkt. Wie sich der Atem in Ihrem Innenraum ausbreitet. In Ihrem Brustraum, in Ihrem Bauchraum. Spüren Sie all dem nach, wohin der Atem in Ihrem Inneren wandert, und wie er sich wieder zurückzieht.

Vergegenwärtigen Sie sich nun das, was Sie vorhin über Ihr Thema erzählt haben. Vielleicht entsteht in Ihnen nun ein angenehmer gespürter innerer Freiraum. Vielleicht ist aber auch irgendwo ein kleines oder größeres körperliches Unbehagen spürbar. Nehmen Sie alles freundlich wahr, mit einer Neugierde darauf, was daraus noch werden wird.
Verweilen Sie hier gerne noch einen Moment. Und wenn Sie so weit sind, können Sie diese Übung langsam abschließen.
Wenn Sie möchten, erzählen Sie mir gerne ein paar Stichworte zu dem, was Sie erlebt haben."

Mit Übungen wie diesen wird die Klientin dabei unterstützt, einen inneren Abstand zum Umfeld herzustellen und den Bezugspunkt von der Außenwahrnehmung auf das inwendige Erleben zu verlagern. Damit wird eine zentrale Voraussetzung für ein vertieftes Experiencing geschaffen. Im Coachingprozess kann dieser Schritt gleich in der Anfangsphase einer Sitzung angeboten werden, um zur Ruhe zu kommen und den notwendigen Freiraum zu schaffen für die weitere Arbeit. Ebenso aber kann eine solche Übung auch dann eingesetzt werden, wenn nach einer ersten Situationsbeschreibung die Trilemma-Problematik erkennbar ist und es nun darum geht, Raum für die weitere experienzielle Bearbeitung zu schaffen.

Es ist naheliegend, dass sich nach dem Schaffen des Freiraums weitere Focusing-Schritte anschließen. Diese müssen im experienziellen Coaching aber nicht nach einem strengen Schema ablaufen. Hier sollten wir offen sein für Variationen. Das gilt besonders mit Blick auf den Felt Sense und das Finden eines „Griffs". Es ist durchaus möglich und stellenweise auch geboten, hier andere experienzielle Kanäle zu nutzen als den kinästhetischen Kanal des Körperspürens. Wir sollten dazu alle Kanäle, die im vorhergehenden Kapitel dargestellt wurden, in Erwägung ziehen. So entstehen im Coaching beispielsweise häufig Bilder, die als Metapher genutzt und weiterentwickelt werden können. Auch wenn klar ist, dass nicht jede Metapher als Symbolisierung einer Körperwahrnehmung verstanden werden darf, sollte im Coaching der Nutzen von Bildern oder Symbolen als kognitive Repräsentation des inneren Erlebens nicht unterschätzt werden.

BEISPIEL

Eine Klientin bearbeitet im Coaching eine Problematik, die sie in der Zusammenarbeit mit anderen immer wieder erlebt: In bestimmten Situationen und Konstellationen gerät sie innerlich so sehr unter Druck, dass sie dann bereit ist, Aufgaben zu übernehmen, die eigentlich gar nicht in ihrem Verantwortungsbereich liegen. Meist wird ihr erst später bewusst,

dass sie wieder einmal „Ja" zu einer Aufgabe gesagt hat, die sie besser nicht hätte übernehmen sollen.
Im Coachinggespräch eingeladen, auf ihre körperlichen Resonanzen zu achten, kann die Klientin zwar keine direkte körperliche Reaktion benennen, beschreibt aber ein Bild, bei dem sie auf einem wackeligen Hocker sitzt, der sie bei der kleinsten Erschütterung nach hinten wegkippen lässt. Ihr Wunsch ist dagegen, einen einfachen Stuhl mit einer stabilen Rückenlehne zu haben, an die sie sich anlehnen kann. Der Gedanke an die Rückenlehne lässt ein deutliches Gefühl der Erleichterung bei der Klientin aufkommen.
Im weiteren Verlauf des Coaching erarbeitet sich die Klientin die Bedeutung der Stuhllehne und kann auch erste Schritte ableiten, wie sie selbst für eine Veränderung sorgen kann. Das beginnt bereits damit, dass sie die entsprechenden Gespräche nicht unter Zeitdruck und auch nicht nebenbei führt, sondern für einen angemessenen Rahmen sorgt, sich also sinnbildlich auf einen stabilen Stuhl und nicht auf einen wackeligen Hocker setzt. Auch dass der Stuhl einfach sein soll, hat für sie eine Bedeutung: Einfach heißt in ihrem Fall, dass sie darauf achten wird, die entsprechenden Gespräche nicht im großen Kreis – wie das bisher meist der Fall war – sondern im Idealfall unter vier Augen zu führen.

Abschließend sei darauf hingewiesen, dass auch im Focusing das gilt, was Benecke (2014, S. 643) als „2-steps-forward, 1-step-back fashion" beschreibt. Coachs sollten der Klientin also auch im Focusing die Möglichkeit für Rückkoppelungs- oder Wiederholungsschleifen einräumen. Sie müssen dabei nicht die Sorge haben, das Ziel des Felt Shift aus den Augen zu verlieren.

7.3 Trilemma-Übung

Üblicherweise beginnt eine Coachingsitzung damit, dass die Coachee ein Thema benennt, an dem sie arbeiten möchte, oder dass sie von einer Situation aus ihrem Arbeitsalltag berichtet, die sie auf irgendeine Art und Weise beschäftigt. In beiden Fällen besteht die Anfangsphase der Coachingsitzung darin, dass Coach und Coachee zunächst gemeinsam das Thema oder die Situation erfassen und so eine Verbindung zwischen der Coachingsitzung und dem Arbeitsalltag der Klientin herstellen.

Nicht selten wird dabei eine gewisse Unklarheit erkennbar, und zwar in der Form, dass die Klientin zwar eine Problematik beschreibt und auch den Wunsch nach einer Veränderung benennen kann, aber nicht so weit orientiert ist, dass sie daraus ein eindeutiges Anliegen oder ein Ziel ableiten könnte. Es geht vielmehr um ein diffuses „Etwas", das für sie störend oder problematisch ist, insgesamt um eine schwer zu differenzierende Gemengelage unterschiedlicher Facetten und Faktoren. Der Blick wandert eher zurück in die jüngere Vergangenheit – auf das was war, und nicht so sehr auf das, was in der Zukunft sein sollte. Das Verhalten des Umfelds spielt dabei eine ebenso wichtige Rolle wie das eigene Verhalten und Erleben. So kann auch die Frage, ob die Klientin eher über sich selbst oder über ihr Umfeld nachdenken möchte, zu diesem Zeitpunkt oft nicht eindeutig beantwortet werden. Eindeutig ist nur die Unklarheit, die sich oft in Form eines Unbehagens, eines Belastungserlebens oder Spannungserlebens ausdrückt.

> **!** Ausgangspunkt ist oft ein diffuses „Etwas", das für die Coachee störend oder problematisch ist und eine schwer zu differenzierende Gemengelage unterschiedlicher Facetten und Faktoren enthält.

Typische Aussagen von Klientinnen sind in diesem Zusammenhang beispielsweise:

- „Ich weiß gar nicht, warum mich das so umtreibt!"
- „Irgendetwas stört mich an dieser Sache, ja, es ärgert mich, es belastet mich. Aber ich habe keine Ahnung, wie ich das ändern könnte."
- „Ich weiß, ich sollte jetzt diese eine Sache tun. Aber etwas in mir wehrt sich total dagegen."
- „Wenn ich nur wüsste, was mit mir (alternativ: „Mit ihm, mit ihr…) los ist, dann würde ich vielleicht wieder klar sehen."

Die Unklarheit kann also entstehen, weil die Klientin sich selbst – ihr eigenes Verhalten oder ihre eigenen Gefühle – nicht versteht, weil sie der Ursache des Problems nicht auf die Spur kommt, weil sie das Verhalten ihres Umfeld nicht einordnen kann, oder weil sie ganz allgemein emotional belastet ist.

Zur Arbeit an dieser Unklarheit bietet sich das schrittweise Vorgehen der Trilemma-Übung an. Sie folgt den vier Phasen des experienziellen Veränderungsmodells und führt die Klientin in vier Schritten durch einen Prozess der Selbstklärung:

1 Situationsbeschreibung
2 Vertiefung der Situationsbeschreibung
3 Verweilen beim Selbsterleben
4 Lösungsansatz

Die Übung erfordert etwas Platz, denn sie lädt die Klientin ein, sich im Raum zu bewegen und sich zu bestimmten Stichworten, die als Ankerpunkte aufgeschrieben und auf dem Boden platziert werden, zu positionieren. Durch das Bewegen im Raum und das Positionieren zu den Ankerpunkten ist das aktuelle Erleben für die Klientin in der Regel leichter spürbar als wenn lediglich eine Visualisierung der einzelnen Stichworte am Flipchart oder einem Whiteboard erfolgt. Die vier Schritte sind im Einzelnen:

Schritt 1 – Situationsbeschreibung: Zunächst ist es die Aufgabe der Coach, der Klientin bei ihren Schilderungen aufmerksam zuzuhören, und zwar ohne den Anspruch, möglichst schnell Klarheit herzustellen. Vielmehr geht es darum, die Coachee darin zu begleiten, ihre eigene Unklarheit zu „erforschen", also die einzelnen Facetten, die zur Unklarheit beitragen, zu betrachten. Dies geschieht am besten in einer personzentrierten Haltung der Empathie, Echtheit und Akzeptanz. Der Anspruch hierbei ist nicht, die Unklarheit aufzulösen, sondern sie zu erkennen und anzunehmen. Dazu kann die Coach auf die Spannungen, Gegensätze oder Irritationen achten, die die Klientin äußert, und diese spiegeln.

Wenn die Unklarheit herausgearbeitet ist, können Coach und Coachee gemeinsam klären, ob die entsprechende Unklarheit weiter bearbeitet werden soll.

Schritt 2 – Vertiefung: Wenn beide überein gekommen sind, weiter an der Unklarheit zu arbeiten, kann die Coach ihre Klientin dazu einladen, noch etwas ausführlicher auf die Situation einzugehen. Die Coach hört aktiv zu und achtet dabei besonders auf Spannungsfelder, die die Klientin beschreibt:

- Welche Missverhältnisse sind auf der Achse Person-Umfeld erkennbar?
- Welche inneren Gegensätze ergeben sich auf der Person-Person-Achse?

Diese Spannungsfelder geben bereits Hinweise auf Trilemma-Elemente, also solche Aspekte, die möglicherweise die Eckpunkte einer Trilemma-Situation kennzeichnen, wie in Abbildung 4 dargestellt. Schrittweise können dann die Trilemma-Komponenten „Problematisches Verhalten des Umfelds, mit Bezug zur eigenen Person", „Affektiv-kognitive Wahrnehmung: Einerseits..." und „Affektiv-kognitive Wahrnehmung: Andererseits…" konkretisiert und zugeordnet werden.

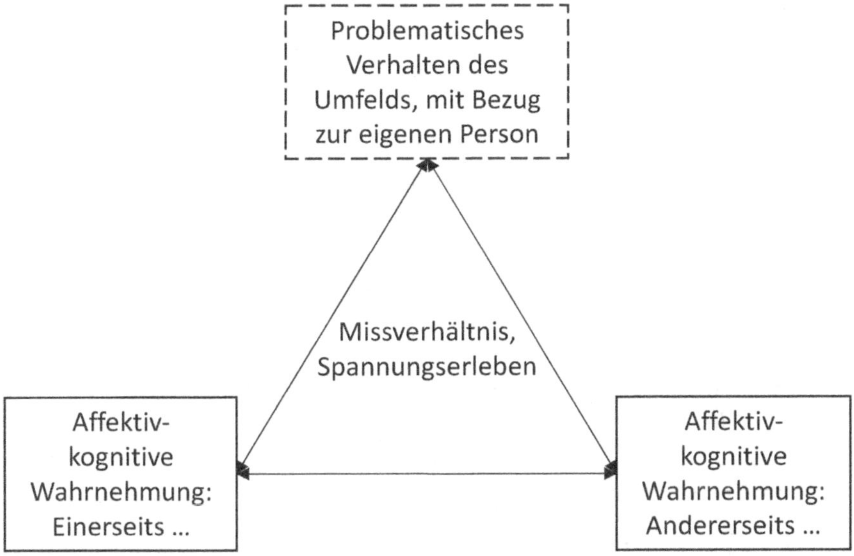

Abbildung 4: Trilemma-Eckpunkte

Coach und Coachee vertiefen die Situation so lange, bis das Trilemma deutlich beschrieben ist und für jeden der drei Eckpunkte Schlüsselworte gefunden sind. Diese Schlüsselworte notiert die Coach auf Moderationskarten, wobei sich die Karten, die sich auf das problematische Verhalten des Umfelds beziehen, farblich von den anderen Karten unterscheiden sollten.

Anschließend kann die Coach die beschrifteten Karten als Ankerpunkte auf dem Boden auslegen, und zwar als Dreieck analog zum Trilemma-Schaubild. Nun liegen an jeder Ecke des Dreiecks eine oder mehrere Karten, und die Klientin kann das Trilemma mit Unterstützung der Coach vertiefen:

- Treffen die Worte, die auf den Karten stehen, den Sachverhalt? Wie könnte eine möglicherweise noch besser zutreffende Formulierung der Worte lauten? Welche Worte/Karten sind zu ergänzen oder auszutauschen?
- Lassen sich für die drei Ecken Zusammenfassungen/Überschriften finden? Welche sind das?
- In welchem Abstand sollten sich die drei Eckpunkte zueinander befinden, um möglichst gut abzubilden, was in der Klientin vor sich geht?

Coach und Coachee arbeiten dann so lange an und mit den Karten und verändern die Stichworte und Positionen, bis die Klientin sich möglichst gut in der Abbildung wiederfindet. Die Coach achtet darauf, alle drei Komponenten klar zu konturieren, sie nimmt aber keinen Einfluss auf den konkreten Inhalt.

Ein weiterer wichtiger Teilschritt im Rahmen der Vertiefung ist das Herstellen einer gewissen Distanz zur Komponente des Umfeldverhaltens. Hier kann die Coach die Klientin gezielt auffordern, die entsprechenden Karten so im Raum zu platzieren, dass die Distanz zur eigenen Person ihrem momentanen Empfinden entspricht. Beide können dann miteinander überlegen, ob diese Distanz ausreicht, damit die Klientin sich den Karten auf der Person-Person-Achse zuwenden kann.

Wenn die Distanz zum Umfeld nur sehr gering ist, können die beiden besprechen, wie die Karten zum Umfeldverhalten für die nächste Phase der Übung in einer größeren Distanz zu den beiden anderen Komponenten platziert werden könnten. Sie können dazu beispielsweise vereinbaren, die Auseinandersetzung mit dem Umfeld für einen Moment zurückzustellen und die Karten zum Umfeldverhalten zu einem späteren Zeitpunkt wieder intensiver in den Blick zu nehmen.

Schritt 3 – Verweilen beim Selbsterleben: Ist eine ausreichende Distanz hergestellt, kann die Coach die Klientin einladen, innezuhalten und zu entspannen – gegebenenfalls mit einer entsprechenden kurzen Anleitung.

Dann begibt sich die Klientin zuerst zu einer der beiden affektiv-kognitiven Komponenten auf der Person-Person-Achse und stellt sich dort bewusst auf. Sie wird aufgefordert, die entsprechenden Stichworte laut zu lesen und dann in sich hineinzuspüren:

- Wo im Körper reagiert etwas?
- Welche Gefühle entstehen?
- Welche inneren Impulse sind spürbar?

Nach einer Weile begibt sich die Klientin zur anderen affektiv-kognitiven Komponente und wiederholt dort das In-sich-hinein-Spüren. Dieser Vorgang kann und soll mehrfach wiederholt werden, und die Klientin bringt dabei die unterschiedlichen Stränge ihres Selbsterlebens miteinander in Kontakt.

Die Coach achtet auf den Raum zum Verweilen und begleitet die Klientin in dieser Phase mit Hilfe der Gesprächsregeln, wie sie für das experienzielle Gespräch gelten. Sie vertraut darauf, dass sich aus dem Verweilen beim Selbsterleben quasi automatisch ein Prozess entwickeln wird, der der Klientin ein besseres Verstehen ihrer selbst ermöglicht, und dass sie damit zu einer veränderten Deutung, Bewertung oder Haltung bezüglich ihrer Situation kommen wird.

Wichtig ist, dass die Klientin in dieser Phase die Freiheit hat, sich zwischen den Bodenankern zu bewegen, verschiedene Positionen auszuprobieren, vielleicht auch eine Position einzunehmen, die sich etwas abseits, nicht direkt auf der Achse zwischen den beiden Person-Person-Bodenankern befindet. Kreative Ausgestaltungen sind ausdrücklich willkommen. Beim Ausprobieren leitet die Coach immer wieder dazu an, auf Veränderungen im Selbsterleben zu achten.

Im Lauf der Übung wird die Klientin für sich eine Position entdecken, die sie als besonders stimmig erlebt, und die dann auch mit einer zunehmenden Klarheit und Erleichterung einhergeht. Diese Position gilt es zu würdigen und festzuhalten, denn sie enthält in aller Regel auch einen Lösungsansatz, der Orientierung bezüglich der anfänglichen Unklarheit bringt und auf dessen Grundlage die Klientin weitere Schritte entwickeln kann.

Schritt 4 – Lösungsansatz: Zum Abschluss der Bearbeitung, wenn sich für die Klientin ein Lösungsansatz abzeichnet und diese Lösung auch im Körper eine stimmige Resonanz ausgelöst hat, wenden sich Coach und Coachee wieder dem Bodenanker zu, der für das Umfeld steht. Die Coachee kann nun für sich klären, in welcher Nähe oder Distanz sie sich weiterhin zu dieser Komponente positionieren möchte und welche ihrer inneren Anteile dabei eine Rolle spielen sollen. Dies kann auch visuell unterstützt werden, indem die Klientin die Bodenanker abschließend so positioniert und beschriftet, dass sie nicht mehr das anfängliche Trilemma abbilden, sondern die neu gefundene Klarheit. Das dabei entstandene Ergebnis kann so noch einmal gewürdigt werden, und die Klientin kann es auch als Bild für sich mitnehmen.

Nach dem Abschluss der Trilemma-Übung sollte die veränderte Haltung im Gespräch weiter vertieft werden, um den entsprechende Handlungsansatz zu konkretisieren und je nach Bedarf auch Umsetzungsschritte zu vereinbaren. Im Rahmen der Prozessreflexion achtet die Coach darauf, den Prozess und das Ergebnis zu schützen, wie das auch aus der Focusing-Anleitung bekannt ist.

7.4 Dialektik und Ambivalenz

Bereits bei der Trilemma-Übung gehören innere Widersprüche und Ambivalenzen zu den Spannungsfeldern, die von der Klientin bearbeitet werden. Tatsächlich wird die Spannung, die im Trilemma auf der Person-Person-Achse entsteht, von den betroffenen Personen oft als eine innere Zerrissenheit und Zwiespältigkeit erlebt. Das erweckt für die Betroffenen den Anschein, als ob von ihnen eine

Entweder-Oder-Entscheidung gefordert wäre, und sie merken, dass sie nicht beiden Seiten der inneren Zerrissenheit gleichzeitig gerecht werden können. Schnell fühlen sie sich mit dieser Spannung und Gegensätzlichkeit überfordert. Das innere Hin und Her strengt an und ermüdet.

Ganz allgemein wissen wir, dass Widersprüche und die daraus entstehenden Ambivalenzen zum Leben gehören und sogar ein fester und wichtiger Bestandteil unseres Daseins sind. Wir kennen Grundwidersprüche, mit denen wir alle umgehen müssen und bei denen wir immer wieder ein neues Gleichgewicht finden müssen, um unser Leben angemessen zu gestalten. Solche Grundwidersprüche sind beispielsweise:

- Stabilität versus Dynamik
- Wettbewerb versus Kooperation
- Kurzfristige Lösung versus langfristige Planung
- Nähe versus Distanz

Beim Betrachten dieser Widersprüche wird schnell klar: Die Lösung im Umgang damit liegt nicht in der Polarisierung. Sie liegt nicht darin, dass wir zugunsten der Entwicklung und Veränderung auf jegliche Stabilität verzichten – oder umgekehrt. Sie liegt auch nicht darin, dass wir Wettbewerb regelmäßig über Kooperation setzen, und genauso wenig wäre es hilfreich, in jeder Situation auf Wettbewerb zu verzichten. Die Lösung liegt eher darin, beide Pole miteinander zu verbinden, sie auszutarieren und je nach Situation unterschiedlich zu gewichten. Dann setzen wir in einer Situation mehr auf den einen Pol, während wir in einer anderen Situation mehr auf den anderen Pol setzen.

Die Lösung im Umgang mit Ambivalenzen liegt nicht in der Polarisierung. Sie liegt darin, beide Pole miteinander zu verbinden, sie auszutarieren und je nach Situation individuell zu gewichten.

Je nach Situation erleben Coachees die Ambivalenzen, mit denen sie sich gerade konfrontiert sehen, allerdings nicht als belebendes oder bereicherndes Element. Vielmehr steht oft die problematische Seite der Widersprüche im Vordergrund. Die inneren Widersprüche werden in der Regel nicht als etwas betrachtet, das rational-analytisch gelöst werden könnte, sondern sie werden eher als eine diffuse Belastung erlebt.

Eine experienziell ausgerichtete Dialektik-Übung kann der Klientin in diesem Fall neue Zugänge zu ihrer inneren Zerrissenheit erschließen. Die Dialektik (griech. „Kunst der Unterredung") ist als Gespräch auf den Umgang mit gegensätzlichen Begriffen oder gegensätzlichen Erfahrungen ausgerichtet. Sie geht davon aus, dass sich durch eine bewusste Auseinandersetzung mit den sich zunächst widersprechenden Positionen neue, bisher nicht berücksichtigte Aspekte ergeben können, die dann zu einer Lösung der Fragestellung führen.

Während Dialektik in ihrer eigentlichen Bedeutung eher rational-sachlich orientiert ist, soll das Prinzip, Gegensätze miteinander ins Gespräch zu bringen, in dieser Dialektik-Übung nicht ratio-orientiert, sondern experiencing-orientiert umgesetzt werden, als dialektischer Prozess innerer Erlebensanteile. Dazu dienen, analog zur Trilemma-Übung, auch hier Ankerpunkte mit Stichworten zu den Gegensatz-Paaren.

BEISPIEL

Dialektik-Übung am Beispiel von Frau R.

Frau R. ist eine fachlich kompetente und engagierte Anwältin, die im Beruf zunehmend an die Grenzen ihrer Belastbarkeit stieß. Sie fühlte sich auf unterschiedlichen Ebenen stark überfordert. Im Coaching berichtete sie: „Ich mache Flüchtigkeitsfehler, meine Arbeitsergebnisse werden schlechter, die Beziehung zu meinem Sohn leidet, und ich habe Schlafstörungen und störende Ohrgeräusche." Wegen der gesundheitlichen Probleme war sie bereits in medizinischer Behandlung. Ihr Anliegen an das Coaching kristallisierte sich rasch heraus: Sie wollte mehr innere Ruhe und Stärke entwickeln, um den multiplen Herausforderungen ihres Alltags standzuhalten, und sie wollte Techniken erlernen, um noch effektiver zu arbeiten.

In einer ersten Analyse im Coaching wurde deutlich, dass Frau R. nur sehr begrenzt über Ressourcen verfügte, die sie für eine konstruktive Bewältigung der Situation nutzen konnte. Frau R. erlebte lediglich den gemeinsamen freien Sonntag mit ihrem Ehemann und dem gemeinsamen 10-jährigen Sohn als Kraftquelle, von Montag bis Samstag fühlte sie sich jedoch quasi permanent belastet, zumal ihr Ehemann aus beruflichen Gründen während der Woche teilweise auswärts lebte.

Eine Möglichkeit war hier, gemeinsam mit Frau R. zu klären, welche Ressourcen sie in ihrem Umfeld oder an ihrem Arbeitsplatz aufbauen könnte, um mehr Ruhe und Kraft zu finden. Das allein reichte aber nicht aus für eine nachhaltige Veränderung. Trotz ausführlicher Überlegungen gelang es ihr nur sehr begrenzt, im Arbeitsalltag auf solche Ressourcen zurückzugreifen. Allerdings konnte Frau R. im Verlauf von einigen Coachingsit-

zungen zunehmend eine Wechselwirkung zwischen den fehlenden Ressourcen und ihren eigenen Einstellungen und Haltungen erkennen.
Bei der gemeinsamen Betrachtung der Einstellungen und Haltungen von Frau R. fiel uns auf, dass ihre kognitiven Fähigkeiten zwar stark ausgeprägt waren, dass sie aber wider besseres Wissen in entscheidenden Situationen wenig Verantwortung für sich selbst übernahm. Zudem war der Wunsch nach beruflicher Leistung war ebenso stark ausgeprägt wie ihre Erschöpfung und Müdigkeit – ein klassisches Dilemma, eine innere Ambivalenz.
Im Coaching arbeitete ich mit Frau R. zunächst die unterschiedlichen kognitiv-emotionalen Aspekte ihres Dilemmas heraus und visualisierte diese auf einem Flipchart. Für Frau R. ergaben sich folgende Gegensatz-Paare:

- sinnloses Rennen im Hamsterrad versus berufliche Erfüllung
- erfolgreiche Anwältin versus Wochenend-Mutter
- Enttäuschung (über die Lebenswirklichkeit) versus Optimismus
- Bedürfnis nach Alleinsein versus Bedürfnis nach Kontakt
- Ehrgeiz versus Gelassenheit
- Flexibilität versus Planung
- Selbstliebe versus Selbst-Hingabe

Im weiteren Verlauf notierte ich diese Worte einzeln auf Moderationskarten und legte die Gegensatz-Paare Zeile für Zeile auf dem Boden aus. Zwischen den jeweiligen Polen ließ ich einen Freiraum von ca. 1 Meter. Dann lud ich die Coachee ein, der Position nachzuspüren: „Wenn Sie sich zuerst auf die eine Seite stellen, ‚sinnloses Rennen im Hamsterrad‘: Was löst das in Ihnen aus? Was in Ihrem Körper reagiert?“ Anschließend lud ich sie ein, sich auf die Seite ‚berufliche Erfüllung‘ zu stellen und wiederum ihrem inneren Erleben nachzuspüren. Im nächsten Schritt ging es darum, eine Position entweder auf einem der Pole oder zwischen den beiden Polen zu finden, und zwar so, dass die Position für den Moment stimmig war. Diese Stelle auf dem Boden markierte ich mit einer neutralen Karte, und ich bat die Klientin, bei dieser Karte zu verweilen und auch hier ihr inneres Erleben zu beschreiben und darüber zu sprechen, was diese Position für sie bedeutet.
So bearbeiteten wir Zeile für Zeile. Nachdem alle Zeilen bearbeitet waren, bat ich die Klientin, mit etwas Abstand auf das ganze Bild zu schauen. Und ich fragte sie, welche Bedeutung sie dem gab, was sie sah.
Für die Klientin war es zunächst sehr erleichternd zu merken, dass sie sich weder einseitig für einen der Pole noch für eine Position in der Mitte

entscheiden musste. Diese Erkenntnis war nicht nur kognitiver Natur, sondern ging mit einer klaren inneren Erleichterung einher. Sie spürte etwas, was sie vorher schon in sich trug, bis zu diesem Zeitpunkt aber nicht ausdrücken konnte. Dadurch wurde für sie zum einen das Auf und Ab ihrer Empfindungen wie beispielsweise das Pendeln zwischen Anwältin und Mutter nachvollziehbar und leichter aushaltbar. Zum anderen lernte sie, wertschätzend mit den widerstreitenden Empfindungen umzugehen und beide Pole zur Bewältigung zu nutzen. Ihre Lösung bestand dann darin, dass sie zunehmend ihre Familie auch während der Arbeitswoche als Ressource nutzte und es ihr damit viel leichter fiel, sich gegen sehr hohe Erwartungen aus ihrem Arbeitsumfeld abgrenzen.

In der Auseinandersetzung mit Ambivalenzen sollten wir berücksichtigen, dass Veränderungs- und Klärungsprozesse sehr individuell und keinesfalls in einer geraden Linie verlaufen. Mit der Dialektik-Übung geben wir der Klientin die Möglichkeit, das innere Hin und Her zu benennen und zu visualisieren, also das oft eher Implizite auch zu explizieren. Mit dem Erleben und Benennen der unterschiedlichen Polaritäten kann die Klientin den gegensätzlichen Richtungen eine individuelle Bedeutung geben und sich selbst zu dieser Bedeutung positionieren. So gewinnt sie eine gewisse Souveränität und Elastizität im Sinn eines dialektischen Entwicklungsgeschehens. Letzten Endes geht es im Umgang mit Ambivalenzen nicht darum, die Mitte zwischen den jeweiligen Polen zu finden, sondern es geht vielmehr um ein individuelles Gewichten, vielleicht auch Einpendeln der gegensätzlichen und doch zusammengehörenden Aspekte. Dieses individuelle Einpendeln wird immer auch abhängig sein von den jeweiligen experienziellen Erfahrungen der Klientin. Diese werden gefördert, indem die Polaritäten nicht nur schriftlich festgehalten werden, sondern als Ankerpunkte am Boden zur Verfügung stehen, so dass die Klientin sprichwörtlich in die dialektische Auseinandersetzung hineingehen und hineinstehen kann. So erhält der innere Dialog eine physische Doppelung, die die körperlichen Reaktionen zu den Polaritäten berücksichtigt. Wichtig ist allerdings, als Coach in der Vorbereitungsphase sehr genau darauf zu achten, dass die Gegensatz-Paare, die benannt werden, nicht allgemeiner Natur sind, sondern individuell die inneren Erlebensanteile, die gegensätzlichen Empfindungen und Emotionen und die gegensätzlichen Bedürfnisse und Wünsche der Klientin abbilden.

BEISPIEL

Ein Klient, Herr Z., der aufgrund einer schweren Erkrankung für längere Zeit nicht seiner Arbeit nachgehen konnte, möchte im Coaching an beruflichen Fragen arbeiten. Er ist sich unklar darüber, wie schnell er nun wieder an ihren Arbeitsplatz zurückkehren soll, und er ist hin- und hergerissen zwischen dem Wunsch, möglichst wieder seine bisherige Tätigkeit aufzunehmen und dem Wunsch, sich beruflich umfassend neu zu orientieren. Die Ambivalenz ist vielschichtig: Sie betrifft Emotionen, seine ganz persönlichen und privaten Bedürfnisse und Orientierungen, und sie betrifft genauso auch Aspekte seiner Arbeit und des Unternehmens, in dem er beschäftigt ist.
In der Dialektik-Übung thematisieren und differenzieren wir diese Vielschichtigkeit zunächst nicht, sondern beziehen alle Ebenen mit ein. Es entstehen folgende Gegensatzpaare:

- Erkrankung als sinnloses Schicksal versus Sinnhaftigkeit der Erkrankung
- Enttäuschung versus Optimismus
- Informationsbedürfnis versus Wunsch nach Unbeschwertheit
- Rückzug versus Kontakt
- Kurzfristiges Denken versus Langfristige Planung
- Widerstand und Kampf versus Anpassung
- Ehrgeiz versus Gelassenheit
- Frühe Arbeitsaufnahme versus lange Pause
- Flexibilität bei der Arbeit versus Struktur bei der Arbeit
- Rückkehr an den alten Arbeitsplatz versus Neuorientierung

Bereits beim allgemeinen Betrachten der Gegensatzpaare wird dem Klienten die Vielschichtigkeit der Ambivalenz deutlich, und nachdem er die einzelnen Aspekte nun Schritt für Schritt abschreitet, kann er differenzierter damit umgehen.

Durch die dialektische Auseinandersetzung mit den Gegensatz-Paaren wird den inneren Widersprüchen Raum gegeben, sie wirken aber nicht polarisierend im Sinn einer Entweder-Oder-Entscheidung, sondern können sich gegenseitig ergänzen und im Idealfall zu einem neuen inneren Erleben oder zu einem besseren Verständnis führen. Die Gegensätze werden nicht mehr als sich diametral gegenüber stehend erlebt, sondern als unterschiedliche Facetten inneren Erlebens, die unterschiedliche Motivationsstränge und Bedürfnisse verdeutlichen. Dazu gehört auch, dass die Gegensatz-Paare sowohl Aspekte enthalten, die eher affektiv gesteuert sind, als auch Aspekte, die eher aus der kognitiven Verarbeitung heraus entstehen. In Gendlins Terminologie könnte an dieser Stelle auch von „kreuzen" gesprochen werden, im Sinn eines Dialogs unterschiedlicher Einsichten oder Empfindungen, aus deren Verbindung Neues erwachsen kann.

Für eine nicht direkt beteiligte Beobachterin erschließt sich aus den Einerseits-Andererseits-Facetten nicht immer eine Logik oder Systematik. Das scheint auch für den Prozess nicht notwendig zu sein, denn nicht alle Erlebensanteile der Klientin lassen sich kognitiv-rational erschließen. Wichtig ist daher, dass die Coach der Klientin den entsprechenden Freiraum und die notwendige Zeit für den inneren dialektischen Prozess zugesteht und die Aufmerksamkeit der Klientin nicht vorschnell auf andere Aspekte lenkt. Auch dieser Prozess ist nicht als linear zu sehen, sondern es können mehrere Rückkoppelungsschleifen erforderlich sein, um zu einer erlebten Stimmigkeit zu gelangen. Kennzeichnend ist dabei eine Zunahme des Experiencing, wie das für die Stufen 5 und 6 der Experiencing-Skala beschrieben ist: Zunächst konzentriert sich die Klientin auf ihren inneren Bezugsrahmen, erforscht innere Erlebnisse. Zunehmend kann sie dann einzelne Aspekte differenzieren, so dass einzelne Erlebensinhalte deutlicher werden, sich verändern und zur Grundlage für weitere Überlegungen werden.

In den Beispielen von Frau R. und Herrn Z. war es besonders das Erleben der Polaritäten im Rahmen unserer Dialektik-Übung, das eine innere Klarheit und eine veränderte Haltung ermöglichte. Die rein rationale Bearbeitung des Themas hätte hier nicht für eine nachhaltige Veränderung ausgereicht.

7.5 Experienzielle Entscheidungsfindung

In der Dialektik-Übung werden manche Leserinnen sicherlich Parallelen zu der einen oder anderen Methode entdeckt haben, die sie bereits aus anderen Zusammenhängen kennen. Hier zeigt sich erneut, dass experienzielles Coaching nicht die Abgrenzung gegenüber anderen Ansätzen sucht, sondern die Ergänzung. Ein solches Parallel-Konzept findet sich beispielsweise bei Friedemann Schulz von Thun (2014), der mit seinen Ausführungen über das Innere Team einen wesentlichen Beitrag dazu geleistet hat, die Unterschiedlichkeit unserer Motivationsstränge als innere Stimmen wahrzunehmen und anzuerkennen. Dem entsprechend ist die Arbeit mit dem Inneren Team, bei der die inneren Anteile visualisiert werden, gut geeignet, um Klientinnen in ihrer Selbstklärung zu unterstützen. Eine weitere Parallele ergibt sich zu David Mearns und Brian Thorne (Mearns, 1999), die mit ihrem Konzept der Selbstanteile einen ähnlichen Weg einschlagen. Sie regen dazu an, einen Dialog zwischen den Selbstanteilen herzustellen, um einen vertieften Zugang zu problematischen Verhaltensweisen, Gedanken oder Gefühlen zu erhalten, und sie nutzen auch die Visualisierung der Selbstanteile zur Unterstützung des Prozesses.

Auch in der von Fritz Salomon Perls (2018) entwickelten Gestalttherapie finden sich Aspekte, die dem experienziellen Ansatz entsprechen. Zum einen steht in der Gestaltarbeit ebenso wie im experienziellen Ansatz das unmittelbare Erleben von Coach und Coachee im Mittelpunkt. Zum anderen hat Perls mit der Arbeit mit Stühlen eine Methode eingeführt, die nicht nur im therapeutischen Kontext, sondern auch in der Beratung und im Coaching genutzt wird, um der Klientin unterschiedliche Perspektiven zu ermöglichen und innere Dialoge zu fördern. Die hier vorgeschlagene Übung zur Entscheidungsfindung bedient sich der Arbeit mit Stühlen, um der Klientin den Zugang zu den inneren Erlebensanteilen zu erleichtern. Lassen Sie mich die Vorgehensweise zunächst anhand eines Beispiels darstellen.

BEISPIEL

Stühle-Übung

Im Rahmen einer Organisationsentwicklung kam es in einem Unternehmen zu Veränderungen: Zum einen wurden zwei Vorstände als Führungstandem etabliert, und zum anderen wurde die Verteilung der einzelnen Abteilungen und Bereiche der Organisation auf die unterschiedlichen Unternehmensstandorte neu geordnet. Die beiden Vorstände, Herr A. und Herr D., waren bis dahin an zwei unterschiedlichen Standorten angesiedelt, und keiner dieser beiden Standorte schien geeignet als neue Geschäftszentrale, jeder Standort hatte jedoch gleichzeitig individuelle Vorteile für die beiden Vorstände. Im Coaching ging es zunächst um eine angemessene Aufgabenverteilung im Tandem, und danach dann um die Standortfrage: Wo sollten die zukünftigen Büros der beiden Vorstandspersonen sein? Drei Möglichkeiten kamen dazu in Frage, sie sollen hier kurz als Haus 1, Haus 2 und Haus 3 genannt werden. Schnell war klar, dass allein das Erstellen einer sachorientierten Pro- und Contra-Liste der Komplexität der Thematik und den unterschiedlichen Bedürfnissen der beiden Vorstandspersonen nicht gerecht werden würde. Nachdem alle Sachargumente ausgetauscht waren, schlug ich den beiden folgende Stühle-Übung vor:

Im Raum wurden Orte für die drei Häuser gekennzeichnet. Haus 1 war etwas abseits gelegen, Haus 2 und Haus 3 lagen nahe beieinander. Zu jedem Haus platzierten wir zwei Stühle, und ich lud die beiden Vorstände ein, jeweils auf einem der Stühle Platz zu nehmen, eine kurze Zeit innezuhalten und dabei vor allem auf den Atem und das Körpererleben zu achten. Ich stellte dabei Fragen: „Wie sitzen Sie momentan auf diesem Stuhl,

hier in Haus 1 (oder 2, oder 3)?", „Wie lässt es sich aushalten auf diesem Stuhl?", „Gibt es in Ihrem Körper eine Resonanz, wenn Sie hier sitzen?"
Im ersten Schritt führten wir diese Übung als Einzelübung durch. Herr A. nahm auf den Stühlen Platz, Herr D. war lediglich als Beobachter dabei. Herr A. probierte so lange verschiedene Positionen aus, bis er zu dem Ergebnis kam, dass die beiden Stühle in Haus 2 und Haus 3 in gleichem Maße stimmig und für die Zukunft passend für ihn waren. Im zweiten Durchlauf nahm Herr D. auf den Stühlen Platz, während Herr A. beobachtete. Für Herrn D. ergab sich nach dem Ausprobieren verschiedener Varianten die größte Stimmigkeit bei Haus 3, wobei er sich auch vorstellen konnte, manche Aufgaben in Haus 1 zu erledigen.
Im nächsten Schritt ging es dann um die Frage, ob beide Vorstände im gleichen Haus sein sollten, oder ob sie sich auf verschiedene Standorte verteilen sollten. Auch hier war nicht nur eine sachliche Erörterung gefragt. Eine wesentliche Rolle spielte die Frage der Arbeitsbeziehung und der Nähe und Distanz zwischen Herrn A. und Herrn D. So führten wir diesen zweiten Schritt als gemeinsame Übung durch: Beide nahmen auf den Stühlen Platz und probierten die unterschiedlichsten Variationen aus. Ich stellte wieder ähnliche Fragen wie im ersten Schritt, und ergänzend gab ich den beiden die Möglichkeit, auf ihren unterschiedlichen Stühlen miteinander ins Gespräch zu kommen und darüber nachzudenken, welche Nähe oder Distanz für sie stimmig wäre. Es zeichnete sich für beide eine Tendenz zu Haus 3 ab, wobei sie dort ihre Stühle etwas auseinander rückten und noch einen dritten Stuhl dazustellten, der als Platzhalter für die Verwaltung stand, die bis dahin in Haus 2 untergebracht war.
In einer folgenden Coachingsitzung griffen wir dieses Ergebnis nochmals auf, um das bis dahin erreichte Zwischenergebnis auf seine Stimmigkeit zu überprüfen und gegebenenfalls zu konkretisieren. Wir inszenierten dazu nochmals die drei Standorte mit den entsprechenden Stühlen, und Herr A. und Herr D. nahmen erneut auf den Stühlen Platz, die Haus 3 zugeordnet waren. Es zeigte sich, dass in der Zwischenzeit zwar keine neuen Aspekte mehr aufgetaucht waren, dass aber Herr D. eine Idee hatte, wie das Auseinanderrücken der Stühle von vorangegangenen Termin praktisch umgesetzt werden könnte. Seine Überlegung war, an einem Tag in der Woche nicht in Haus 3 zu sein, sondern an diesem Tag wie bisher in Haus 1 zu arbeiten. Auch diese Überlegung stellten wir im Rahmen der Stühle-Übung nach, um sie auf ihre erlebensorientierte Stimmigkeit hin zu überprüfen. Nach der Überprüfung zeigten sich beide Vorstände mit dem Ergebnis zufrieden und vereinbarten die weiteren Schritte zur Umsetzung ihrer Pläne.

Die Besonderheit der experienziellen Entscheidungsfindung besteht darin, dass sowohl sachorientierte Argumente als auch affektive, bis dahin nur schwer in Worte zu fassende Aspekte in die Überlegungen einfließen und so ein stimmiges und damit tragfähiges Ergebnis ermöglichen.

So ist es wichtig, auch bei der Entscheidungsfindung den Phasen des experienziellen Veränderungsmodells zu folgen. Im geschilderten Beispiel ging es in der ersten Phase der Situationsbeschreibung darum, der Standortfrage Raum zu geben, und zunächst generell zu sondieren, welche Häuser als Standort in Frage kommen. In der zweiten Phase vertieften wir dann die Situation: Beide Vorstandpersonen konnten jeweils aus ihrer Sicht berichten, welche Vorgeschichte sie mit der Standortfrage und mit jedem der drei Häuser verbinden. Ein weiterer Aspekt der Vertiefung war eine sachorientierte Erörterung: Die Vor- und Nachteile der jeweiligen Häuser wurden anhand von äußeren Merkmalen wie Erreichbarkeit, Größe, Repräsentanz etc. beschrieben. Nach dem Sammeln und Verschriftlichen dieser Fakten stellte ich zunächst einige einleitende Fragen zum Selbsterleben und schlug dann die Stühle-Übung vor, als bewusste Hinwendung zu einem Verweilen beim Selbsterleben. Beide waren bereit, sich von der Sachebene zu lösen und sich ihren individuellen Wünschen, Bedürfnissen und Befürchtungen zuzuwenden. Und nachdem die Lösung gefunden war, waren am Ende auch konkrete Handlungsschritte zur Umsetzung der Lösung zu besprechen.

Das Vorgehen der experienziellen Entscheidungsfindung berücksichtigt den von Gendlin beschriebenen Prozesscharakter der menschlichen Entwicklung und Veränderung. Dem entsprechend kann nicht davon ausgegangen werden, dass die beteiligten Personen die Lösung von Anfang an schon in sich tragen und das Ergebnis nur aus dem impliziten Erleben ins Bewusstsein transportiert werden muss. Vielmehr sollten wir uns bewusst sein, dass sich im Lauf des Prozesses oft neue Aspekte ergeben, die mitunter überraschende und vorab keinesfalls absehbare Ergebnisse nach sich ziehen. Und wir sollten uns bewusst sein, dass experienzielle Entscheidungsprozesse nicht im Eiltempo durchlaufen werden können, sondern dass manchmal auch Wiederholungs- und Modifikationsschleifen notwendig sind, um ein stimmiges und nachhaltiges Ergebnis sicherzustellen. Die Rolle der Coach besteht dabei darin, den Prozess geduldig zu begleiten und sich immer wieder an den Regeln der experienziellen Gesprächsführung zu orientieren.

> **!** Bei der experienziellen Entscheidungsfindung fließen sowohl sachorientierte Argumente als auch affektive, bis dahin nur schwer in Worte zu fassende Aspekte ein und ermöglichen so ein stimmiges und tragfähiges Ergebnis.

7.6 System-Visualisierung

System-Visualisierungen werden im Coaching genutzt, um Zusammenhänge zu veranschaulichen, um Netzwerke darzustellen, oder auch um individuelle Entwicklungen zu reflektieren. Je nach theoretischem Hintergrund und methodischer Umsetzung werden sie auch als Aufstellungen, Soziogramme, Landkarten oder Skulpturen bezeichnet. Der besondere Nutzen von System-Visualisierungen besteht darin, dass mit ihrer Hilfe komplexe Zusammenhänge anschaulich abgebildet werden können, und zwar auf einem Abstraktionsniveau, das einen Blick aus der Meta-Ebene entstehen lässt. Ein weiterer Vorteil ist der, dass die Visualisierung gleichzeitig eine emotionale Beteiligung der Coachee ermöglicht.

Hinzu kommt beispielsweise beim Einsatz von Visualisierungs-Landkarten, dass diese mit dem Motiv des Unterwegs-Seins zusätzlich anknüpfen an den Wunsch nach Bewegung und Vorankommen. Landkarten sind deswegen im Coaching dann besonders anschlussfähig, wenn es um Veränderung und Entwicklung geht. Auf dem Weg zu sein, zu reisen oder einfach die Umgebung zu sondieren, das weckt in der Regel Neugier und schafft gleichzeitig einen sicheren Rahmen für die Selbst- oder Fremdexploration. Darüber hinaus ermöglichen Landkarten ebenso wie andere Formen der Visualisierung, Dinge zu erkennen und zu verbalisieren, die bis dahin nicht klar benannt werden konnten oder teilweise auch gar nicht erkennbar waren. Dies ist unter anderem darauf zurückzuführen, dass der Einsatz von Bildern und Metaphern im Coaching andere mentale Verarbeitungsprozesse aktiviert als eine rein verbale Themenbearbeitung. Nicht zuletzt setzen optische Darstellungen einen visuellen Anker, der für die Coachee einen hohen Erinnerungswert haben kann. Das gilt insbesondere dann, wenn die Klientin aktiv mit der Visualisierung gearbeitet hat, beispielsweise indem sie verschiedene Positionen eingenommen hat oder einzelnen Orten einer Landkarte eigene Namen geben konnte (vgl. Wegener & Zöller, 2018).

Wenn wir System-Visualisierungen im experienziellen Kontext betrachten, wird schnell ein zentrales Unterscheidungsmerkmal zwischen der erfahrungsorientierten Sichtweise und der systemorientierten Sichtweise deutlich: Aus der systemorientierten Perspektive dient die Aufstellung oder die Landkarte meist dem vertieften Verständnis des Kontextes, also dem Blick auf die Beziehungen, die Umwelt oder die im Gesamtsystem stattfindenden Dynamiken. Im experienziellen Prozess geht es dagegen um das „referring inward", bei dem die Aufmerksamkeit nicht mehr dem Umfeld, sondern dem eigenen Erleben gewidmet ist. Insofern hat die experienzielle System-Visualisierung einen anderen Fokus und ist auch entsprechend dieser nach innen gerichteten Aufmerksamkeit anzuleiten. So eingesetzt, kann sie einen wesentlichen Beitrag zum Vorantragen des in der Coachee vor sich gehenden Klärungs- oder Veränderungsprozesses leisten.

Bei der experienziellen System-Visualisierung geht es um das „referring inward", bei dem die Aufmerksamkeit nicht dem Umfeld gewidmet wird, sondern dem eigenen Erleben.

Auch die Aufstellungsarbeit mit Personen oder figürlichen Platzhaltern kann so umgesetzt werden, dass das experienzielle Bearbeiten der Situation im Vordergrund steht. Gegenüber der Arbeit mit Figuren ist die Arbeit mit realen Personen meist etwas vorteilhafter für die erlebensmäßige Beteiligung der Klientin, allerdings erfordert sie ein Gruppen- oder Teamsetting, bei dem die einzelnen Gruppenmitglieder bereit sind, sich als Protagonistinnen in die Systemaufstellung einzubringen. Wenn diese Voraussetzung erfüllt ist, kann die Coachee die Aufstellung nutzen, um ihrer eigenen Haltung und Position im System nachzuspüren und diese unter Berücksichtigung des experienziellen Erlebens zu verändern. Die Aufstellung kann dann wie im folgenden Beispiel zur Beziehungsklärung genutzt werden, wobei der Fokus der Klärung nicht auf dem Verhalten des Umfelds liegt, sondern auf der eigenen Haltung und dem eigenen Handeln.

BEISPIEL

In einem Gruppencoaching thematisierten die Teilnehmerinnen die Herausforderungen im Umgang mit ihren Kundinnen. Als Dienstleisterinnen waren sie auf einen guten Kontakt zu den Kundinnen angewiesen, und gleichzeitig erlebten sie manche Kundinnen als maßlos, fordernd und wenig kooperativ. Besonders schwierig empfand die Coachee Frau F. den Umgang mit dem Kunden Herrn G., dessen Unternehmen zwar einen hohen Umsatz für Frau F. einbrachte, der aber immer wieder Fristen versäumte und aus Sicht von Frau F. wenig Eigeninitiative zeigte und überzogene Forderungen stellte. Frau F. verspürte einen zunehmenden Widerwillen, wenn sie mit Herrn G. zusammenarbeiten sollte, und gleichzeitig verlangten ihre eigenen Vorgesetzten von ihr, alles zu tun, um Herrn G. als Kunden nicht zu verlieren.
Im Coaching schlug ich Frau F. vor, ihrem eigenen Erleben im Rahmen einer Aufstellung nachzuspüren. Nachdem wir die Bereitschaft der Gruppe geklärt hatten, sich als Stellvertreterinnen für das beteiligte Umfeld in die Aufstellung einzubringen, positionierte Frau F. zunächst Herrn G. auf

einem Stuhl sitzend. Den Stuhl platzierte sie auf einem Podest – in diesem Fall war das ein Tisch, der im Raum zur Verfügung stand. Rechts und links von diesem Podest platzierte sie zwei weitere Personen, die Geldscheine in der Hand hochhielten. Weitere Beteiligte waren für Frau F. zunächst nicht wichtig, und so beließen wir es im ersten Schritt bei diesem Bild. In einem zweiten Schritt bat ich Frau F., sich selbst in dieses Bild zu stellen, also eine Position einzunehmen, die ihre eigene Beteiligung an der Konstellation abbildete. Dies war für Frau F. zunächst nicht leicht. Immer wieder hatte sie den Impuls, Herrn G. samt seinem Stuhl von dem Podest herunterzustoßen. So konnte sie zunächst im Rahmen der Suche nach ihrer eigenen Position in der Aufstellung die Frustration und Empörung über Herrn F. deutlich spüren und zum Ausdruck bringen.
Etwas mehr innere Ruhe kehrte dann ein, als sie zwei Schritte nach hinten ging und damit eine gewisse Distanz zwischen Herrn G. und sich selbst herstellte. Die Müdigkeit und Schwere in den Gliedern, die sie bei ihrer eigenen Teilnahme an der Aufstellung verspürte, war aber immer noch vorhanden. Etwas zog sie förmlich zu Boden, und doch wollte sie sich nicht einfach auf den Boden fallen lassen. Dann kam ihr die Idee, sich selbst auf einen Stuhl zu setzen. Sie suchte sich den bequemsten Stuhl im Raum, mit Armlehne, und positionierte ihn dort, wo sie eben noch gestanden hatte. In diesem Stuhl richtete sie sich nun möglichst gemütlich ein. Nach einigem Ausprobieren zog sie noch einen Schemel hinzu, auf dem sie die Beine ablegte. Als sie nun nochmals innehielt und auf ihr Körpererleben achtete, konnte sie die Schwere nicht mehr spüren. Gleichzeitig beschrieb sie ein leichtes Herzklopfen, das sie als „freudige Anspannung" deutete.
Frau F. fühlte sich sichtlich wohl auf ihrem Stuhl. Ich lud sie zunächst ein, noch ein bisschen auf dem Stuhl zu verweilen und dem inneren Erleben weiter Raum zu geben. Sie bestätigte wiederholt die Stimmigkeit dieser Position, die sie mit einem Gefühl der Souveränität und Gelassenheit verband. Überrascht und erleichtert war sie davon, dass sie sich erlauben konnte, sich zurückzulehnen, und dass damit auch ihre Empörung verschwunden war.
Als wir nach diesem nach außen erkennbaren und für Frau F. innerlich spürbaren Felt Shift die weiteren Haltungs- und Handlungsschritte von Frau F. besprachen, konnte sie schnell ableiten, was dieses „auf dem Stuhl sitzen" für sie im Arbeitsalltag bedeuten würde. Zum einen war sie nun sicher, dass sie den Kunden auch dann nicht verlieren würde, wenn sie etwas mehr Distanz hielt, und zum anderen war für sie klar, dass sie Herrn G. nicht von seinem Podest stoßen musste, denn angesichts der

entspannten Distanz war die erhöhte Position von Herrn G. nicht mehr so wichtig für Frau F.

Wenn bei der experienziellen System-Visualisierung das Umfeld und die möglichen Befindlichkeiten oder Reaktionen der an der Aufstellung beteiligten Protagonistinnen nicht im Vordergrund stehen, sollte das nicht als ein generelles Zurückweisen einer systemorientierten Sichtweise verstanden werden. Soll die Aufstellung beispielsweise dazu dienen, die Verhaltensweisen des Umfelds besser zu verstehen, ist es selbstverständlich von Bedeutung, dass im Rahmen der Aufstellung auch die Wahrnehmungen und Handlungsimpulse der einzelnen Protagonistinnen ausführlich zur Sprache kommen. Dann hat die Aufstellung aber eine andere Zielsetzung als bei einem auf das Selbsterleben ausgerichteten Coaching. Wenn das Anliegen der Coachee nicht darauf abzielt, die Prozesse im Gesamtsystem zu beeinflussen, sondern wenn es ihr eher darum geht, sich selbst zu steuern und den eigenen inneren Dynamiken eine neue Richtung zu geben, ist die experienzielle Ausrichtung zu bevorzugen.

Wie genau das Ergebnis der experienzellen System-Visualisierung aussehen wird, lässt sich im Vorfeld nicht absehen und wird von Person zu Person unterschiedlich sein. Daher ist es wichtig, als Coach einen ergebnisoffenen Prozess anzuleiten und der Klientin nicht die eigenen Vorstellungen darüber, wie sie die Situation lösen könnte, aufzudrängen. Das schließt nicht aus, dass die Coach auch Angebote machen kann, also Vorschläge an die Klientin, in der Aufstellung einmal diese oder jene Position auszuprobieren. Am Ende aber sollte sie es der Coachee überlassen, in der Position auf ihr Körpergefühl zu achten und die Position auf ihre Stimmigkeit zu überprüfen.

Für System-Visualisierungen können unterschiedliche Materialien genutzt werden, die von den jeweiligen Herstellern und Verlagen vertrieben werden. Hier einige Beispiele:

- *Aufstellung mit Figuren: Figuren sind im Handel oft unter dem Stichwort Systembrett, Inszenario, Aufstellungsfiguren oder Stellaufmännchen erhältlich. Auch Lego und Playmobil bieten entsprechende Figuren an. Manche der Figuren sind besonders ausdrucksstark, haben z.B. eine besondere Mimik, andere Figuren sind eher neutral gearbeitet und unterscheiden sich lediglich hinsichtlich der Farben und Größen. Für eine experiencingorientierte Aufstellung sind neutral gearbeitete Figuren gut geeignet, weil die Coachee damit der Darstellung des Umfelds weniger Aufmerksamkeit widmen muss.*
- *Landkarten: Der Handel bietet verschiedene Möglichkeiten von Landkarten, beispielsweise unter den Stichworten Landkarte der Befindlichkeiten, Seekarte der Befindlichkeiten, Gefühlswetterkarte oder Trainland. Diese eignen sich in erster*

Linie zur Reflexion der eigenen Befindlichkeit. Je nach Kartenbild können sie aber ebenso eingesetzt werden, um einzelne Personen an unterschiedlichen Orten auf der Karte zu platzieren und so ein Gesamtsystem darzustellen.

- *Eigene Rollen- und Netzwerklandkarte, Entwicklungslandkarte: Neben den im Handel erhältlichen Materialien bietet sich auch an, die Coachee zum Erstellen einer eigenen Landkarte anzuregen. So kann unter anderem die eigene Entwicklung anhand eines Wegs dargestellt werden, der unterschiedliche Wegmarken enthält. Solche Wegmarken können beispielsweise emotional besonders bedeutsame Erlebnisse sein. Die Emotionen können dann durch Symbole visualisiert werden. Eine andere Möglichkeit besteht darin, eine große Landkarte zu zeichnen, die verschiedene Regionen enthält: Ein Quellgebiet, ein Land der Suche, ein Gebiet der Entscheidung, ein Land der Umsetzung, ein Land der Zweifel. Wenn diese Landkarte ausreichend groß ist, kann sie auf dem Boden ausgelegt werden, und die Klientin kann sich dann innerhalb der Landkarte bewegen und einzelne Positionen einnehmen. Alternativ kann die Landkarte anhand von Schnüren und beschrifteten Moderationskarten dargestellt werden.*
- *Bildkarten: Die Karten werden unter den Begriffen Emotion Cards, Bildkarten für Trainings, Bildimpulse, etc. vertrieben. Es lassen sich aber ebenso eigene Postkartensammlungen oder Fotosammlungen einsetzen. Die Karten können bestimmte Emotionen darstellen oder unterschiedliche eigene innere Anteile visualisieren.*

Einige der genannten Möglichkeiten lassen sich auch beim Online-Coaching im virtuellen Raum nutzen (siehe Kapitel 8.3).

Von der Coachee selbst gefertigte Rollen- oder Netzwerkkarten können vielfältig zur Visualisierung eingesetzt werden. Als ein Beispiel, das je nach Bedarf und Thematik ohne viel Aufwand an die jeweilige Fragestellung angepasst werden kann, finden Sie auf den nächsten Seiten eine Anleitung zur Visualisierung des eigenen sozialen Netzwerks.

BEISPIEL

Netzwerk-Visualisierung

Diese Übung setze ich bevorzugt ein, wenn eine Coachee insgesamt nach einer neuen Orientierung im Umgang mit ihrem Umfeld sucht. Die Trilemma-Situation besteht in diesem Fall darin, dass die Coachee in sich unterschiedliche und gegensätzliche Bedürfnisse und Impulse wahrnimmt, wie z.B. ein Bedürfnis nach Eingebundensein und gleichzeitig ein Bedürfnis nach Autonomie. Das Umfeld im Trilemma-Diagramm ist dann weniger durch eine einzelne Person repräsentiert, sondern ganz allgemein durch die Menschen, mit denen die Coachee zu tun hat. Eine andere Ausgangssituation für die Netzwerk-Visualisierung könnte auch sein,

dass die Coachee insgesamt nicht mehr sicher ist, wie sie zu den einzelnen Personen in ihrem Umfeld steht bzw. stehen will, und dass sie sich hier über ihre eigenen Bedürfnisse und Wünsche orientieren will.
Die Netzwerk-Visualisierung eignet sich auch gut als Einzelübung, bei der die Coachee für sich alleine arbeiten kann:
Zuerst wird die Coachee aufgefordert zu überlegen, mit welchem Netzwerk sie sich beschäftigen will: einem privaten Netzwerk, Kundinnen, Kolleginnen, der Abteilung oder einem sonst von ihr definierten Umfeld. Dann geht es darum, diejenigen Menschen oder Personengruppen zu benennen, die in diesem Netzwerk eine Bedeutung haben. Dabei werden die Personen im Netzwerk zugeordnet: „Wer steht nah bei Ihnen? Wer steht weiter entfernt? Wo gibt es enge Verbindungen? Welche Verbindungen sind unterbrochen?"
Am besten geschieht diese Zuordnung durch ein Schaubild auf einem großen Blatt Papier. Zunächst zeichnet sich die Coachee selbst, und zwar in der Mitte des Blatts. Dann positioniert sie die einzelnen Personen oder Gruppen entsprechend nah oder distanziert zu sich selbst und zeichnet dazu gehörende Verbindungslinien. Die Beziehungen kann sie mit Symbolen versehen, z.B. mit einem Smiley, einem Blitz, dunklen Wolken etc. So entsteht zunächst ein Schaubild des Netzwerks.
Im nächsten Schritt wird die Coachee aufgefordert, ihre Beziehungen zu begutachten und dabei besonders auf ihr eigenes inneres Erleben zu achten: „An welchen Stellen trägt Ihr Netzwerk und schenkt Ihnen einen zuverlässigen Rahmen? Wo kommt es andererseits zu Irritationen, Störungen und dünnen, brüchigen Verbindungen? Wo verändert sich beim Betrachten Ihr Atem? Wo verändert sich etwas in Ihrem Körperinneren, wenn Sie das Netzwerk-Bild auf sich wirken lassen? Wo fühlen Sie sich wohl? Wo entsteht andererseits ein Unwohlsein? Was genau signalisiert dieses Unwohlsein?"
So kann jede Beziehungslinie vor dem Hintergrund des aktuellen Selbsterlebens reflektiert werden. Schritt für Schritt kann die Coachee herausarbeiten, wo sie das Beziehungsgeflecht aufrecht erhalten, erweitern, verkleinern, stärken oder ausdünnen möchte.
Nachdem die einzelnen Facetten in Ruhe betrachtet und bearbeitet wurden, kann die Coachee in einem letzten Schritt Maßnahmen ableiten, die sie in der nächsten Zeit umsetzen möchte.

7.7 Appreciative Inquiry

Die Methode des Appreciative Inquiry (AI) wurde ursprünglich von David Cooperrider und Suresh Srivastva für Organisationsberatungsprozesse entwickelt, um in Unternehmen bestehende Potenziale und Ressourcen freizulegen und nutzbar zu machen (Zur Bonsen & Maleh, 2001). Es geht dabei um eine wertschätzende Erkundung und Weiterentwicklung bisheriger guter Erfahrungen und persönlicher Stärken, die für zukünftige Prozesse genutzt werden können.

In der Organisationsberatung wird Appreciative Inquiry als Großgruppenmethode im Rahmen oft mehrtägiger Workshops eingesetzt. Einzelne Facetten der Methode lassen sich jedoch auch hervorragend im Einzelcoaching anwenden und können das experienzielle Setting besonders in der Phase des Verweilens beim Selbsterleben ergänzen, um der Klientin eine Auseinandersetzung mit den eigenen Ressourcen und Kompetenzen zu erleichtern. Ein vollständiger AI-Prozess umfasst vier Phasen, wobei diese im Coaching individuell angepasst werden können.

Die vier Phasen des Phasen des Appreciative Inquiry (AI) in der Gruppen- und Organisationsberatung

1. Phase: Discovery – Entdecken

Die Gruppe wendet sich den positiven Erfahrungen zu, die sie in der Vergangenheit gemacht hat. Es werden Duos gebildet, die sich gegenseitig mit Hilfe eines Leitfadens interviewen. Ausgehend von der Frage nach einem herausragend positiven Erlebnis in der Vergangenheit, führt der Leitfaden durch die Gegenwart, von den individuellen Stärken bis hin zu Wünschen und Idealvorstellungen bezüglich der Zukunft. Die Ergebnisse des Partnerinterviews werden auf Moderationskarten festgehalten und anschließend in kleinen Gruppen ausgewertet und verdichtet. Die besonders herausragenden positiven Erlebnisse werden dabei nochmals im Detail berichtet und gewürdigt. In einem dritten Schritt werden dann die Ergebnisse aus den Kleingruppen im Plenum ausgetauscht. So wird das bessere Verstehen der Erkenntnisse gefördert und es entsteht eine positive Basis für neue Entwicklungen.

2. Phase: Dream – Visionieren

Hier stellen sich die AI-Teilnehmerinnen die Frage, wie es sein könnte, wenn die belebenden Faktoren und Bedingungen hinter den positiven

Erfahrungen verstärkt werden könnten. Dies geschieht durch das Herausarbeiten von Gemeinsamkeiten und übereinstimmenden Mustern in den Berichten aus der Discovery-Phase und durch das Formulieren und Visualisieren von Zukunftsaussagen.

3. Phase: Design – Gestalten
Nun geht es darum zu vereinbaren, was sein soll und welche Leitmotive und Kerngedanken in der Zukunft besondere Bedeutung haben. Die Konstruktion und Planung des Neuen steht im Vordergrund.

4. Phase: Destiny – Umsetzung
Schließlich wird konkret festgehalten, was künftig sein wird, welche Projekte geplant werden, und wer wofür die Verantwortung übernimmt.

Im Kern geht es beim Appreciative Inquiry um einen Reflexionsprozess, der Erkenntnisse aus vergangenen positiven Erfahrungen aufgreift und das Ziel verfolgt, die hilfreichen Muster der Vergangenheit auch für die erwünschten Weiterentwicklungen der Zukunft zur Verfügung zu stellen. Dieses Prinzip des Appreciative Inquiry ist im Coaching vor allem dann hilfreich, wenn der Eindruck entsteht, dass die Coachee momentan Mühe damit hat, auf ihre eigenen Ressourcen, die sie im Lauf ihres Lebens durch erfolgreiches Bewältigen verschiedenster Herausforderungen gesammelt hat, zurückzugreifen. Wertschätzendes Erkunden basiert auf der Erkenntnis, dass wir in erster Linie nicht durch Fehler, sondern durch gute Erfahrungen lernen, und dass Menschen und Organisationen sich in der Regel in Richtung dessen entwickeln, worauf sie ihre Aufmerksamkeit fokussieren. Persönliches Wachstum und Erfolge sollen also auf der Basis vergangener positiver Erlebnisse und durch das Bejahen von Stärken und Erfolgen gefördert werden.

> **!** Wertschätzendes Erkunden basiert auf der Erkenntnis, dass wir in erster Linie nicht durch Fehler, sondern durch gute Erfahrungen lernen.

Im Zentrum des Appreciative Inquiry steht das AI-Interview. Für das Partnerinterview im AI-Verfahren gibt es einen Interviewleitfaden, der im Coaching allerdings nicht wörtlich aufgegriffen werden muss, sondern als Erkundungsraster für das Gespräch dienen kann. Dabei gilt es zunächst, sich auf das Anliegen zu konzentrieren. Im folgenden Beispiel geht es der Coachee darum, trotz widriger Bedingungen voran zu kommen, aber das Interview kann thematisch auch an andere Themen wie z.B. Teamarbeit, Konfliktbewältigung, Personalführung etc. angepasst werden. In jedem Fall nimmt sich die Coach Zeit zum aktiven Zuhören und achtet besonders auf die Geschichten und Zitate der Erzählerin, verbunden mit den Gefühlen, die dabei zum Ausdruck kommen. Wichtig im AI-Interview ist, dass die Erzählerin gerade bei der Frage nach der schwierigen Situation nicht im Allgemeinen bleibt, sondern eine konkrete Situation benennt, die sich aufgrund des Ergebnisses im Nachhinein als herausragend positives Erlebnis darstellt.

BEISPIEL

Gedeihen trotz widriger Bedingungen – Interviewleitfaden
Lassen Sie uns über Ihre bisherigen guten Erfahrungen im Umgang mit widrigen Bedingungen sprechen. Ich lade Sie ein zu einer wertschätzenden Erkundung dieser Erfahrungen.

Schwierige Situation, herausragend positives Erlebnis:

- Erzählen Sie mir von schwierigen Situationen in Ihrem Leben: Gab es dabei eine, die Sie besonders gut gemeistert haben? Wie genau war das? Was ist im Nachhinein das Gute daran?

Das Schwierige bewältigen:

- Bleiben wir bei der eben beschriebenen Situation: Es gab dabei sicherlich Höhen und Tiefen. Versuchen Sie bitte, sich an eine Zeit oder Phase zu erinnern, in der Sie merkten, dass Ihnen der Umgang mit dem Schwierigen besonders gut gelungen ist. In der Sie stolz auf Ihren Umgang mit den Widrigkeiten waren.
- Was war das Besondere an dieser Zeit? Was hat Sie „erfolgreich" gemacht – trotz aller Widerstände und Schwierigkeiten?
- Was ist genau geschehen? Wer war dabei? Wer hat Sie unterstützt?
- Was war Ihr eigener Beitrag?

Ihre Person:

- Lassen Sie uns jetzt über einige Dinge sprechen, die Sie in Bezug auf sich selbst am meisten wertschätzen. Ohne bescheiden zu sein, was fällt Ihnen an Ihrer eigenen Person und Persönlichkeit besonders positiv auf? Was sind Ihre wichtigsten Qualitäten und Stärken im Umgang mit Schwierigkeiten?

- Was schätzen Sie an Ihrem Umfeld (beruflich, privat) am meisten? Was ist gerade in schwierigen Situationen hilfreich?
- Wie nehmen Sie darauf Einfluss?

Gedanken an die Zukunft:

- Stellen Sie sich vor, über Nacht ist ein Wunder geschehen. Sie wachen morgens auf, und alles passt für Sie zusammen: Schwierigkeiten und widrige Bedingungen können Sie nicht mehr beeinträchtigen. Ihr Lebensgefühl ist stimmig. Sie sind begeistert und stolz über Ihren Platz im (Arbeits-)Leben.
- Was gibt es jetzt Besonderes bei Ihnen?
- Was können Sie beobachten, hören oder fühlen? Was sind die drei ersten Dinge, die Ihnen in den Sinn kommen?

Ihre möglichen nächsten Schritte:

- Benennen Sie drei Stärken oder besonderen Qualitäten, über die Sie verfügen und die Ihnen für Ihr Thema besonders hilfreich sind.
- Welche drei Dinge könnten Sie in den nächsten drei Monaten tun, um trotz widriger Bedingungen voranzukommen?

Auch hier ist es wieder Aufgabe der Coach, den Prozess nach den Regeln der experienziellen Gesprächsführung zu begleiten, also auf innere Prozesse zu achten. An die Phase des Entdeckens kann sich dann eine Dream-Phase anschließen, also ein Überlegen, wie es wäre, wenn.... Hier und auch im anschließenden „Design“, also dem aus den Überlegungen abgeleiteten Lösungsansatz, bleibt es immer wieder Aufgabe der Coach, ihre Klientin darin zu bestärken, das Erarbeitete und das innere Erleben in Einklang miteinander zu bringen. So kann die wertschätzende Erkundung die Selbstexploration unterstützen und bisher nicht wahrgenommene Ressourcen aktivieren. Das führt dazu, dass das Vertrauen auf die eigene Wirksamkeit und die eigenen Handlungsmöglichkeiten gestärkt wird.

7.8 Gruppencoaching

Üblicherweise findet Coaching im Einzelsetting statt, also im Zweiergespräch zwischen Coach und Coachee. Allerdings können im experienziellen Coaching auch die zusätzlichen Möglichkeiten einer Gruppe genutzt werden, um die entsprechenden Coachinganliegen zu bearbeiten. Hier ist dann auf einige Besonderheiten zu achten, um die Gruppe wirklich im Sinn des experienziellen Ansatzes einzubeziehen.

Zunächst sollte unterschieden werden: Handelt es sich bei der Gruppe um ein Team, das an gemeinsamen Projekten und Zielen arbeitet und die gemeinsame Arbeit im Teamcoaching reflektieren möchte? Oder handelt es sich um ein Gruppencoaching, bei dem die einzelnen Anwesenden ihre individuellen Themen einbringen und bei dem die Gruppe als zusätzliche Ressource und Resonanzraum für das Anliegen der Einzelperson zur Verfügung steht? Hier will ich besonders auf das Gruppencoaching eingehen.

Hinsichtlich der Zielsetzung und der Erwartung dessen, was im Coaching geschehen soll, unterscheidet sich die Arbeit in der Gruppe zunächst nicht vom Einzelsetting. Es geht auch hier um Problem- und Selbstreflexion, und um Veränderung und Entwicklung. Maßgeblich dafür ist das Individuum, also die Person, die ein Anliegen oder Thema einbringt. Damit steht der Prozess der einzelnen Coachee im Vordergrund, es geht nicht in erste Linie um den Prozess der Gruppe als Ganzes, und es geht auch nicht darum, die Themen der anderen anwesenden Gruppenmitglieder gleichzeitig mit zu bearbeiten. Dieses Grundverständnis hat zur Folge, dass in der begrenzten Zeit einer Coachingsitzung nicht jedes Gruppenmitglied ein eigenes Thema einbringen kann, und der Umgang damit sollte zu Beginn des Gruppencoaching mit allen Beteiligten abgestimmt werden. Der zusätzliche Nutzen des Gruppencoaching besteht darin, dass die Dyade zwischen Coach und Themengeberin durch die Wahrnehmungen und Resonanzen der Gruppenmitglieder ergänzt und unterstützt wird. Dies kann auf unterschiedliche Art und Weise geschehen:

- Wie in Kapitel 7.6 beispielhaft dargestellt, können sich die Gruppenmitglieder durch ihre Beteiligung bei System-Visualisierungen einbringen. Dadurch ermöglichen sie der Coachee, sich neue Zugänge zu ihrem Thema und neue Erlebensmöglichkeiten für ihr Anliegen zu erschließen.
- Eine zentrale Rolle kommt im Experiencing immer wieder dem Felt Sense und den Worten und Symbolen für den Felt Sense zu. Die Coach unterstützt dies durch entsprechende Fragen nach dem Felt Sense und durch Aktives Zuhören und Verbalisieren der körperbezogenen und der emotionalen Erlebensinhalte. Hier kann auch die Gruppe einbezogen werden: Einzelne Grup-

penmitglieder können der Coachee spiegeln, welche inneren Prozesse sie bei ihr wahrnehmen, welche Emotionen sie aus dem Gesagten heraushören und wie die Körpersprache der Coachee auf sie wirkt. Diese Spiegelungen stehen dann als Angebote für die Coachee zur Verfügung, die sie für ihren weiteren Prozess nutzen kann, wenn sie dies möchte. Ebenso können die Gruppenmitglieder auf dieser Grundlage bestimmte Wortsymbole oder Metaphern einbringen, die ihnen bei den Schilderungen der Coachee in den Sinn kommen. So entsteht ein erweiterter Resonanzraum, der den Prozess der Coachee unterstützen kann.

- Häufig ruft das Coachinggespräch bei den Gruppenmitgliedern auch eigene Gefühle und Reaktionen bezüglich des Coachinganliegens hervor. Auch diese können sie der Coachee zur Verfügung stellen. Lohnend ist das vor allem im Rahmen der Vertiefung der Situationsbeschreibung. Hier können die Gefühle und Reaktionen der Gruppenmitglieder das Wahrnehmungs-Spektrum der Coachee erweitern und ihr so eine Hilfe sein, um sich der unterschiedlichen eigenen Gefühle überhaupt erst bewusst zu werden.

BEISPIEL

Mehrere Leitungspersonen eines Unternehmens hatten sich zu einem Gruppencoaching eingefunden. Sie kannten sich aus dem Arbeitsalltag und hatten auch einzelne Berührungspunkte in der Zusammenarbeit. Für das Gruppencoaching war explizit verabredet, dass nicht die Arbeitsbeziehung untereinander im Vordergrund stehen sollte, sondern dass individuelle Anliegen der Einzelnen bearbeitet werden sollten.

Ein Gruppenmitglied berichtete von ihrer Rolle als Mentorin für neue Mitarbeitende. Speziell bei einer neuen Mitarbeiterin war sie mit dem Einarbeitungsprozess ausgesprochen unzufrieden. Sie störte sich an manchen Verhaltensweisen der Kollegin, und gleichzeitig war sie verunsichert, wie sie nun weiter vorgehen sollte. Die Verunsicherung kam auch daher, dass sie merkte, dass irgendetwas sie doch sehr irritierte, wobei sie dieses „Etwas“ nicht genau benennen konnte. Diese Unklarheit führte zunächst dazu, dass die Gruppe anfangs Mühe hatte, das Anliegen bzw. die Frage der Coachee nachzuvollziehen.

Meine Aufgabe als Coach war es daher, zunächst im Dialog mit der Coachee noch klarer herauszuarbeiten, worum es ging. Dazu bat ich die Coachee, ein wenig auf die Mitarbeiterin einzugehen und ihr Verhalten zu beschreiben. Anschließend wandten wir uns dem Verhalten und Erleben der Coachee selbst zu: Sie konnte schnell benennen, dass sie die Möglichkeit in Erwägung zog, das Störende an der Situation einfach zu übergehen („vielleicht sollte ich es nicht überbewerten, sicher gibt sich das von

alleine"). Und ebenso konnte sie eine „innere Warnlampe" beschreiben, die ihr „Gefahr im Verzug" signalisierte.
Damit war eine Trilemma-Situation skizziert, und ich bat die Gruppe an dieser Stelle, nicht weiter über das Umfeld (also die Mitarbeiterin) nachzudenken, sondern sich in das Erleben der Coachee hinein zu versetzen und zu spiegeln, was sie wahrnahmen. Die Rückmeldungen bildeten das innere Dilemma der Coachee deutlich ab: Für einen Teil der Gruppe stand die „Gefahr im Verzug" im Vordergrund, sie konnten sich gut mit der irritierten Seite der Coachee identifizieren. Ein anderer Teil der Gruppe betonte, weniger als Spiegelung, sondern als eigene Meinung, dass die Einarbeitung neuer Mitarbeitender generell ein Prozess sei und schwierige Phasen da nicht überbewertet werden sollten.
Ich griff diese Rückmeldungen auf, um die Spannung auf der Person-Person-Achse, also das innere Dilemma bzw. die Ambivalenz im weiteren Gespräch mit der Coachee noch genauer herauszuarbeiten. Dadurch, dass die Gruppe unterschiedliche Rückmeldungen gegeben hatte, war unausgesprochen klar: Beide Seiten der Ambivalenz haben ihre Berechtigung, sie „dürfen da sein", es geht hier nicht um entweder – oder.
Es folgte eine weitere Phase, in der ich zunächst im Dialog mit der Coachee arbeitete. Wir verwendeten Bodenanker für die beiden Seiten des Dilemmas, und die Coachee konnte ihr inneres Erleben vertiefen und aus dem inneren Erleben heraus einen ersten Lösungsansatz für sich erarbeiten. Um diesen inneren Prozess nicht durch externe Impulse zu beeinflussen, bezog ich die Gruppe an dieser Stelle nicht ins Gespräch ein.
In einem weiteren Schritt konnte die Coachee für sich einen Lösungsansatz entwickeln. Dieser bestand darin, dass sie die neue Mitarbeiterin in den nächsten Wochen intensiver anleiten und ihr auch kritische Rückmeldungen geben wollte, dass sie sich dabei aber ausschließlich auf das aktuelle Geschehen beziehen wollte und nicht auf das, was sie in der Vergangenheit beobachtet hatte.
Hier bat ich dann die Gruppe nochmals um Resonanz: Nicht darüber, ob sie noch weitere Ideen für eine Lösung haben, sondern darüber, wie sie die Coachee nun wahrnehmen, ob das Ergebnis aus Sicht der Beobachtenden stimmig und authentisch wirkt, und an welchen Stellen sie gegebenenfalls noch eine „Rest-Ambivalenz" in der Coachee wahrnehmen.

Die anwesenden Gruppenmitglieder im Gruppencoaching werden nicht automatisch zur Ressource für den experienziellen Prozess, sondern es bedarf einer sensiblen und moderierenden Gesprächssteuerung durch die Coach. Häufig löst die Schilderung des Anliegens bzw. der Situation bei den Gruppenmitgliedern spezifische individuelle Assoziationen aus: Sie finden Parallelen zu eigenen beruflichen Themen, sie erinnern sich an eigene frühere Erfahrungen und daran, wie sie damals mit dem Problem umgegangen sind. Nicht selten haben die Gruppenmitglieder Ideen parat, wie sie in der Situation handeln würden. Je nach Vorerfahrung mit kollegialer Beratung kann der Drang, schnell nach Lösungen zu suchen und dabei die eigene Geschichte einfließen zu lassen, recht groß werden. Das aber würde das Verweilen beim Selbsterleben der Coachee stören und damit den Kern des experienziellen Prozesses beeinträchtigen.

> **!** Im Gruppencoaching wird die Dyade zwischen Coach und Themengeberin ergänzt um die Wahrnehmungen und Resonanzen der Gruppenmitglieder.

Die Coach übernimmt hier die Steuerung des Gesprächs, indem sie die Gruppenmitglieder an entscheidenden Stellen um Resonanz bittet und sie an anderen Stellen bittet, eine bewusst beobachtende Rolle einzunehmen, ohne aktiv ins Gespräch einzugreifen. Wichtig ist dabei, dass die beobachtende Rolle nicht gleichzusetzen ist mit Passivität oder Inaktivität. Dies wird dadurch sichergestellt, dass die Coach später die Beobachtungen der Gruppenmitglieder abfragt, so dass diese für den Prozess zur Verfügung stehen. Dazu bedarf es einer klaren Anleitung, was genau beobachtet werden soll und wann die Beobachtungen eingebracht werden sollen. Die Beobachtungsaufgabe – und damit auch die Bitte um entsprechende Resonanz – orientiert sich idealerweise an den verschiedenen Phasen des experienziellen Veränderungsprozesses:

- Situationsbeschreibung: Wenn die Klientin eine unklare Situation berichtet, kann die Gruppe zunächst genutzt werden, um durch sachorientierte Fragen einzelne Aspekte der Gesamtsituation zu erörtern. Ergänzend kann dann die Rückmeldung der Gruppenmitglieder einbezogen werden. Wenn sie mitteilen, welche Gefühle und Gedanken bei ihnen im Blick auf das Umfeld entstehen, hat die Coachee die Möglichkeit, diese Rückmeldungen mit ihren eigenen Gedanken und Gefühlen abzugleichen. Ziel ist hier, unterschiedliche innere Anteile, bezogen auf die Trilemma-Situation, wahrzunehmen. Bei den sachorientierten Rückfragen ist darauf zu achten, dass diese nicht zu detailliert auf das Umfeld eingehen, weil die Coachee sonst eher Mühe hat, die eigene Distanz zum Umfeld zu wahren.

- Vertiefung der Situation: Hier ist darauf zu achten, dass die Redebeiträge der Gruppenmitglieder sich nicht mehr auf das Umfeld beziehen, sondern das „referring inward" der Coachee unterstützen. Das geschieht am besten durch Spiegeln der Emotionen und Körperhaltungen, die die Gruppenmitglieder bei der Coachee beobachten.
- Verweilen beim Selbsterleben: In dieser Phase kann die direkte aktive Gesprächsbeteiligung der Gruppe schnell vom eigentlichen inneren Prozess ablenken. Daher ist es hier sinnvoller, die Gruppe zur Beobachtung einzusetzen, um später Rückmeldungen zum Prozess geben zu können. Dabei ist darauf zu achten, dass diese Rückmeldungen wertschätzend und empathisch gegeben werden und nicht als Kritik. Kritik würde später sehr wahrscheinlich die innere Kritikerin, wie sie im Focusing-Prozess genannt wird, verstärken. Wertschätzung und Empathie hingegen wirken eher prozessverstärkend, im Sinn des letzten Focusing-Schritts, des Empfangens und Schützens.
- Lösungsansatz, Handlung: Die von der Coachee erarbeitete Lösung ist unbedingt zu würdigen, selbst wenn manche Gruppenmitglieder von sich aus zu einem anderen Ergebnis gekommen wären. So ist es nicht Aufgabe der Gruppe, abschließend das Ergebnis nochmal auf Plausibilität zu prüfen oder es ganz in Frage zu stellen. Eine Bereicherung durch die Gruppe entsteht aber dann, wenn in dieser Phase noch Hinweise gegeben werden, worauf die Coachee bei der Umsetzung ihrer Lösung achten könnte, um zu einem möglichst stimmigen und guten Ergebnis zu kommen.

8 Coaching im virtuellen Raum

Im Zusammenhang mit der Digitalisierung von Arbeits- und Beratungsprozessen beschäftigen sich Coaches in zunehmendem Maß damit, wie Coachingprozesse im virtuellen Raum sinnvoll gestaltet werden können. Meist wird dabei unterschieden zwischen asynchronem Coaching (in der Regel textbasiert per Mail oder zeitversetzt per Chat) und synchronem Coaching, bei dem Coach und Coachee gleichzeitig interagieren. Das kann telefonisch geschehen oder per Videokonferenz, und in beiden Fällen können ergänzend verschiedene Online-Tools für Visualisierungen oder gemeinsame Notizen genutzt werden.

Das Coaching im virtuellen Raum hat eine Reihe von Vorteilen, aber natürlich sind auch Nachteile und Grenzen erkennbar. Es ermöglicht Coachingbeziehungen über größere räumliche Distanzen hinweg und ist unabhängig von den Reisemöglichkeiten des Coach oder des Coachee. Manche Coaches und ihre Klienten berichten, dass die Arbeit im virtuellen Raum für sie weniger Ablenkung bietet, so dass sie sich leichter auf die wichtigen Kernthemen im Coaching konzentrieren können. Andererseits wird oft beklagt, dass die Aufmerksamkeits- und Konzentrationsspanne im virtuellen Raum kürzer ist, und dass auch nicht alle Sinneskanäle verfügbar sind, so dass eine gegenseitige ganzheitliche Wahrnehmung eingeschränkt ist.

Aus professionsethischer Sicht wird manchmal argumentiert, dass Online-Coaching nur eingeschränkt zwischenmenschliche Nähe zulasse und deshalb nicht mit den Ansprüchen eines humanistischen Menschenbilds, wie es im Personzentrierten Ansatz vertreten wird, vereinbar ist. Ohne Zweifel erfordert die Begegnung im virtuellen Raum eine andere Form der Beziehungsgestaltung als die Begegnung im realen Raum, und ohne Zweifel können technische Schwierigkeiten im Online-Coaching störend wirken. Sind der Coach und der Coachee aber bereit, sich auf die Besonderheiten des virtuellen Raums einzustellen, kann das experienzielle Konzept hier durchaus umgesetzt werden. Dabei spielt die Beziehungsgestaltung eine Rolle, das Gegenwärtigsein in einer entspannten Aufmerksamkeit, und der kreative Umgang mit den Möglichkeiten und Grenzen des virtuellen Raums.

8.1 Beziehung

Vielleicht ist Ihnen schon eine kleine Nuance meiner Formulierungen aufgefallen: Ich spreche nur ungern von virtuellem Coaching, sondern viel lieber von Coaching im virtuellen Raum. Denn tatsächlich wird nur der Raum virtuell abgebildet, das Coaching an sich findet nicht virtuell, sondern real statt. Der Begriff virtuell wird oft mit „künstlich" gleichgesetzt, also durch den Computer erzeugt, aber nicht wirklich greifbar. Die genaue Wortbedeutung weist aber darauf hin, dass etwas durchaus vorhanden ist, aber eben in einer anderen Form als bisher gewohnt.

> **!** Tatsächlich bilden wir beim Online-Coaching nur dem Raum virtuell ab, der Coaching-Prozess an sich findet real statt.

Im nicht-virtuellen Raum entsteht Beziehung nicht erst durch bewusstes Interagieren, sondern allein dadurch, dass zwei Menschen dieselben dreidimensionalen Bezugspunkte um sich haben, sich begegnen und sich gegenseitig in demselben Raum wahrnehmen. In der Videokonferenz findet die Begegnung nicht räumlich statt, sondern visuell, indem wir dem jeweiligen Gesprächspartner einen Blick „durchs Fenster" ermöglichen. Der Coachee gibt dem Coach einen Einblick in seinen privaten oder beruflichen Arbeitsraum, und auch der Coach gibt durch die Linse der Videokamera etwas von sich preis. Das ermöglicht einen ersten, ganz natürlichen Ansatz der Beziehungsaufnahme im virtuellen Raum: Coach und Coachee begegnen sich jeweils in der Welt des Gegenübers und können Orte und Facetten sehen, die ihnen bei einem Treffen vor Ort in einem Besprechungsraum verborgen bleiben würden.

Aufgrund des besonderen Settings ist es im virtuellen Raum von besonderer Bedeutung, dass Sie der Beziehungsgestaltung einen bewussten Platz in der Anfangsphase einräumen. An manchen Stellen gilt es dabei, die Kommunikation noch bewusster zu gestalten als im realen Raum:

- Zeigen Sie Interesse an der Person des Coachee: Wo befindet er sich aktuell? Womit war er bis gerade eben beschäftigt? Benötigt er noch Zeit, sich innerlich auf das Coaching einzustellen?

- Erzählen Sie von sich bzw. von Ihrem Raum: Wo befinden Sie sich gerade? Was gibt es in Ihrem Arbeitsraum, was für den Coachee vielleicht von Interesse sein könnte?
- Nehmen Sie Blickkontakt auf: Blickkontakt entsteht im virtuellen Raum, wenn Sie direkt in die Kamera schauen. Das erfordert ein entsprechend gut arrangiertes technisches Setup an Ihrem Arbeitsplatz.

Technisches Setup
Durch ein gutes technisches Setup erleichtern Sie Ihrem Coachee, sich auf das Wesentliche zu konzentrieren und in einem guten Kontakt mit Ihnen zu sein.

- Achten Sie darauf, dass Ihre Kamera auf Augenhöhe ist. Bei einer zu tief sitzenden Kamera wirkt Ihr Gesicht verzerrt, und Ihr Gegenüber hat den Eindruck, von unten zur Decke schauen zu müssen. Sitzt die Kamera höher als Ihre Augen, machen Sie sich klein, Ihr Gegenüber schaut „von oben auf Sie herab", auch das ist für beide Seiten nicht angenehm.
- Halten Sie Blickkontakt, indem Sie in die Kamera schauen. Sie müssen den Blickkontakt nicht durchgehend halten, sollten ihn aber doch immer wieder bewusst aufnehmen. Besonders relevant ist das bei Coaches, die mit zwei Bildschirmen arbeiten und dann, je nach Blickrichtung und Kameraführung, teilweise nur im Seitenprofil zu sehen sind.
- Seien Sie gut sichtbar. Achten Sie darauf, dass Ihr Gesicht und vor allem Ihre Augen hell ausgeleuchtet sind, so dass Ihre Mimik gut erkennbar ist. Meist ist es dazu nicht notwendig, dass der ganze Raum, in dem Sie sind, hell ausgeleuchtet ist. Wichtig ist nur, dass Ihre Lichtquelle von vorne kommt (also hinter der Kamera ist und Ihr Gesicht beleuchtet), und dass keine störenden Lichtquellen hinter Ihnen oder an der Seite sind.
- Sorgen Sie für einen guten Ton. Wenn Ihre Stimme mit viel Hall oder insgesamt schlechter Qualität übertragen wird, merken Sie selbst das oft nicht. Für Ihr Gegenüber wird das Gespräch dann aber anstrengend. Daher lohnt sich die Anschaffung eines hochwertigen Mikrophons. Manche Videokonferenzsysteme sind auch anfällig für Rückkopplungen. Diese können Sie vermeiden, wenn Sie mit einem Headset arbeiten.

Im virtuellen Raum gilt es, Ausdrucksformen und Sinneswahrnehmungen, die im realen Raum keiner weiteren Erklärung mehr bedürfen, bewusst zu adressieren. Ihr zentrales Instrument bleibt die Sprache: Fassen Sie Ihre Wertschätzung, Ihre Empathie und Ihre emotionale Unterstützung noch bewusster in Worte. Die personzentrierten und experienziellen Möglichkeiten des Verbalisierens emotionaler Erlebensinhalte sowie des Spiegelns und des Zurücksagens können Sie hier noch pointierter und bewusster einsetzen als im realen Raum.

Auch in der Begegnung per Video gilt es, dem Coachee immer wieder Freiraum zur Selbstexploration zu lassen. Dazu gehören auch Schweigephasen, in denen weder Coach noch Coachee sprechen. Im virtuellen Raum ist dazu allerdings eine klare Anleitung gefragt. Während im realen Raum oft schon die Körpersprache ausreicht, um zu signalisieren, dass es in Ordnung ist, wenn Ihr Gegenüber schweigend einer Situation nachspürt, bedarf es im virtuellen Raum einer Übersetzung der „Körper-Sprache" in „Wort-Sprache". Deswegen ist es hilfreich, wenn Sie als Coach neben der personzentrierten Begleitung nicht versäumen, auch eine moderierende und strukturierende Rolle einzunehmen und immer wieder das, was Sie wahrnehmen und das, was Sie tun, in Worte fassen. Kündigen Sie also jeden kleinen Schritt, den Sie zu gehen gedenken, an. Leiten Sie Ihren Gesprächspartner Schritt für Schritt an.

BEISPIEL

Klare **Anleitung** und **Moderation** fördert die Beziehung im virtuellen Raum. Drei Beispiele:

- „Sollen wir hier noch etwas verweilen? Wenn ja, lassen Sie uns doch für zwei Minuten eine kurze Pause einlegen. Wenn Sie mögen, machen Sie dazu gerne Ihre Kamera aus. Und schalten Sie die Kamera dann wieder ein, wenn Sie so weit sind, dass wir fortfahren."
- „Lehnen Sie sich doch nochmal kurz zurück, schließen Sie für einen Moment die Augen und spüren Sie dem nach, was Sie gerade gesagt haben. Tauchen da noch weitere Facetten auf, die Sie erwähnen wollen?"
- „Wenn ich Sie anschaue, fällt es mir gerade schwer, Ihren Gesichtsausdruck zu deuten. Mögen Sie noch ein bisschen beschreiben, was in Ihnen vorgeht?"

Letzten Endes unterscheidet sich die Beziehungsgestaltung im virtuellen Raum dann nicht wesentlich von der Beziehungsgestaltung im realen Raum. Voraussetzung ist, dass der Coach bereit ist, das Gespräch klar zu führen und immer wieder Rückkoppelungsschleifen einzubauen, die dem Coachee die Möglichkeit geben, sein aktuelles Erleben zu erkunden und zu verbalisieren.

8.2 Entspannte Aufmerksamkeit

Wenn Gendlin als ersten Schritt im Focusing das Schaffen von Freiraum beschreibt, geht es um zwei wichtige Voraussetzungen für einen gelingenden Coachingprozess: zum einen um eine unverkrampfte, entspannte Gegenwärtigkeit, und zum anderen um eine Aufmerksamkeitslenkung auf das aktuelle innere und körperlich spürbare Erleben.

Je nach Vorerfahrung sind Coachees im virtuellen Raum eher angespannt als entspannt. Dazu können verschiedene Faktoren beitragen:

- Technische Unsicherheiten und die Sorge, am Computer etwas falsch zu machen, können vom eigentlichen Thema ablenken.
- Sich selbst im Video zu sehen, ist für viele ungewohnt und fremd.
- Vor der Videokamera zu sein, ist für viele gleichbedeutend damit, dauerhaft unter Beobachtung zu sein.

Dies führt dann dazu, dass die Aufmerksamkeit mehr auf die technischen Rahmenbedingungen gerichtet wird als auf das eigene Erleben. So gilt es, im Coaching zunächst einen Rahmen zu schaffen, der dem Coachee eine entspannte Aufmerksamkeit ermöglicht:

- Wenn Sie nicht ganz sicher sind, dass Ihr Coachee schon geübt ist im Umgang mit Ihrem Videokonferenzprogramm, erklären Sie zum Einstieg kurz die technischen Grundzüge: Wie lassen sich Kamera und Mikrophon aktivieren und deaktivieren? Wie lassen sich die Videokacheln möglichst optimal auf dem Bildschirm anordnen?
- Stellen Sie sich ein Getränk bereit und laden Sie Ihren Coachee ein, dies ebenso zu tun.
- Vereinbaren Sie, dass im virtuellen Raum andere Höflichkeitsformen gelten als im realen Raum. Erlauben Sie Ihrem Coachee, jederzeit eine Pause einzufordern, wenn ihm danach zumute ist. Gestehen Sie dem Coachee zu, dass er keinen Blickkontakt mit Ihnen halten muss und sich zwischendurch auch strecken darf oder vom Stuhl aufstehen darf.
- Vereinbaren Sie eine „Notfallkommunikation" für den Fall, dass die Videokonferenz unterbrochen wird. Das kann beispielsweise eine Telefonnummer sein, unter der Sie erreichbar sind, oder eine Kommunikation per SMS.
- Bieten Sie Ihrem Coachee zum Einstieg eine bewusste Entspannungsübung an. Das kann beispielsweise ein Body-Scan (siehe Kapitel 7.2) sein; aber auch andere Übungen, die der Entspannung und Fokussierung dienen, sind geeignet. Während Sie die Übung anleiten, erlauben Sie Ihrem Coachee, die ei-

gene Kamera und das eigene Mikrophon zu deaktivieren, um auch wirklich unbeobachtet zu sein.

8.3 Kreativität

Aus den bisherigen Ausführungen zum Coaching im virtuellen Raum wurde hoffentlich schon deutlich, dass das besondere Setting zwar eine spezifische und bewusste Art der Gesprächsführung erfordert, dass das Online-Format an sich aber keine wesentliche Begrenzung für das erlebensbezogene Arbeiten darstellt. Sicher gibt es Vorgehensweisen, die sich nur im realen Raum umsetzen lassen, aber gleichzeitig gibt es andere methodische Formate, die sich leichter im virtuellen Raum umsetzen lassen. Mit etwas Kreativität lassen sich die meisten der in Kapitel 7 genannten Impulse so transformieren, dass sie auch online genutzt werden können.

> **!** Mit etwas Kreativität lassen sich die meisten Methoden so transformieren, dass sie auch im Online-Coaching genutzt werden können.

Während ich bei der Focusing-Methode noch darauf hingewiesen habe, dass diese in manchen Kontexten nicht so leicht anschlussfähig sein könnte, kann gerade für das virtuelle Format festgestellt werden, dass solche Angebote, die den Klienten in Kontakt mit sich selbst bringen und seinen inneren Dialog fördern, auf eine hohe Akzeptanz stoßen. Vor dem Hintergrund, dass die Gesprächsführung, das Spiegeln und Verbalisieren im virtuellen Raum eine so zentrale Rolle einnehmen, schaffen nonverbale Akzente hier einen willkommenen Kontrapunkt. Vor allem aber ist dieser Kontrapunkt aus konzeptionellen Gründen wichtig, um auch im virtuellen Raum die kognitiv-sprachliche Ebene durch Prozesse der affektiven und körperlichen Wahrnehmung und Verarbeitung zu ergänzen.

Ziel des kreativen Methodeneinsatzes ist immer die Förderung des Selbsterlebens. Die hier aufgezeigten Möglichkeiten sollen Ihnen als Beispiel dienen, anhand derer Sie Ihre eigenen Möglichkeiten entwickeln können. Das folgende Beispiel bildet nicht den ganzen Verlauf eines Coachingprozesses ab, sondern soll nur die methodischen Möglichkeiten im virtuellen Raum aufzeigen.

BEISPIEL

Im Rahmen eines Vorgesprächs per Video hatte eine Coachee ihr Anliegen und Thema für den Coachingprozess benannt: Man hatte ihr innerhalb der Organisation eine neue und reizvolle Stelle angeboten. Die Stelle versprach viel Freiraum, aber es war unklar, wie groß am Ende der tatsächliche Gestaltungsspielraum sein würde. Im Coaching wollte die Klientin ihre beruflichen Entwicklungen reflektieren und sich auf die neue Aufgabe vorbereiten.
Für eine erste Analyse bot ich der Klientin gleich in der ersten Coachingsitzung, nachdem wir noch ein paar weitere Informationen ausgetauscht hatten, über den geteilten Bildschirm das Bild einer Flusskarte an.

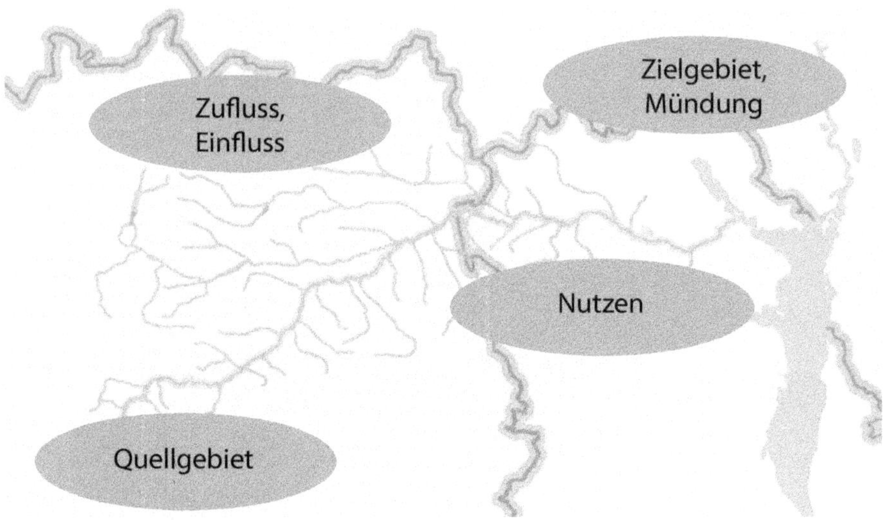

Abbildung 5: Flusskarte

BEISPIEL

Ich bat die Coachee, die einzelnen Bereiche der Flusskarte auf sich selbst anzuwenden und zu beschreiben. Zunächst ging sie ausführlich und mit einer gewissen Zufriedenheit auf ihr Quellgebiet ein, differenzierte zwischen inneren und äußeren Quellen, und nannte auch Zuflüsse, die im Lauf ihrer beruflichen Entwicklung hinzugekommen waren. Wichtige Stichworte dabei waren: Verwegenheit, Ausprobieren, das „Eigene" vermitteln, Fröhlichkeit.
Schwieriger wurde es für die Klientin, als sie über das Zielgebiet der Flusskarte nachdachte und über den Nutzen, der sich unterwegs ergeben könnte. Zunächst fiel ihr auf, dass ihr Fluss kein Flussbett hatte, und dass sie dieses möglicherweise auch gar nicht brauchte, weil es sowieso

nur einengen würde. Dann trat eine gewisse Irritation auf: Sie merkte, dass es ihr stellenweise schwer fiel, das „Eigene" zu vermitteln. Dabei sprach sie von einem Lähmungsschleier, der sich über sie legte. Beim weiteren Explorieren entstand innerhalb kurzer Zeit eine Konkretisierung des Lähmungsschleiers: Körperlich verspürte die Coachee ein gewisses Gelähmtsein, und visuell beschrieb sie einen Nebel, der die Orientierung erschwerte.
Mit diesem Körpergefühl und diesem Bild arbeiteten wir dann weiter, bis eine Erleichterung, ein Felt Shift, entstand. Das war der Fall, als die Klientin für sich die Worte „Wahrheit und Klarheit" formulierte und daraus ableitete, dass sie weiter ehrlich zu sich selbst und zu anderen sein wollte.
In der nächsten Coachingsitzung kamen wir nochmal auf das Bild zurück. Die Klientin berichtete von eigenen Erfahrungen im Rudersport, und davon, dass sie gerne beim Rudern ins Risiko ging. Gleichzeitig erlebte sich sich bei der Arbeit immer wieder als Mahnerin, die die Sicherheit suchte. Mein methodischer Impuls dazu war, der Klientin eine Dialektik-Übung mit Bodenankern (siehe Kapitel 7.4) anzubieten. Sie formulierte dann zunächst zwei gegensätzliche Rollen, die sie als „Mahnerin" und als „ins Risiko gehen" bezeichnete. Ich bat sie, diese beiden Rollen jeweils auf ein Blatt Papier zu schreiben, ihren Schreibtischstuhl zur Seite zu räumen und die beiden Papiere im Abstand von ca. 1,5 m vor sich auf den Boden zu legen. Nun lud ich die Klientin ein, sich jeweils zu den Bodenankern zu stellen und darauf zu achten, welches (Körper-)Gefühl dabei entsteht. In einem weiteren Schritt stellte sich die Klientin auf meine Einladung hin zwischen die beiden Bodenanker und spürte nach, wo sie sich mehr hingezogen fühlte. Dabei schwanke sie und verbog ihren Körper mal nach rechts und mal nach links, weil beide Seiten attraktiv für sie waren. Mit der einen Seite verband sie Worte wie braun, Sicherheit, kuschelig, mit der anderen Seite verband sie Worte wie türkis, Angst und gleichzeitige Leichtigkeit.
Ich selbst konnte die Bodenanker aufgrund der Kameraführung nicht sehen, und ich konnte die Klientin auch nicht in ihrer vollen Größe sehen. Das aber war für die Übung unerheblich. Inhaltlich wichtig und erleichternd für die Klientin war zunächst die Feststellung, dass beide Seiten (Mahnerin und Risiko) zu ihr gehörten und ihre Berechtigung hatten und nicht gegeneinander abgewogen werden konnten. Dann kam sie zurück auf den Rudersport und darauf, dass sie beruflich lieber in einer kleinen Mannschaft unterwegs sein wollte als in einem Ein-Personen-Boot. Das galt besonders für die Seite „ins Risiko gehen", wo ihr im Moment keine Sparringspartner zur Verfügung standen. Hier noch weitere, sorgfältig

ausgewählte Kolleginnen und Kollegen „ins Boot“ zu holen, das war eine lohnende Perspektive für sie.
Für die weitere Arbeit überließ ich der Klientin eine schriftliche Anleitung zur Visualisierung ihres Netzwerks. Hiermit beschäftigte sie sich im Anschluss an die Coachingsitzung. Das Ergebnis brachte sie dann als Foto über den geteilten Bildschirm in einer weiteren Sitzung ins Coaching ein.

Die technischen Möglichkeiten, virtuelle Tools im Coaching einzusetzen, wachsen rasant. So gibt es Umfrage-Tools, Online-Systembretter für Systemaufstellungen, Online-Mind-Maps, virtuelle Whiteboards und Pinnwände, Möglichkeiten zur Arbeit mit Avataren, Tools für die Arbeit mit dem Inneren Team und vieles mehr. Sie können als Coach auch eine zweite Kamera einbinden und dann beispielsweise Visualisierungen am Flipchart oder Aufstellungen mit Figuren übertragen. Sie sollten aber im Einzelfall genau abwägen, inwieweit es zielführend ist, den schier unbegrenzten Spielraum der technischen Werkzeuge tatsächlich zu nutzen. Wenn es darum geht, das Selbsterleben des Klienten zu fördern, sollten Sie bedenken, dass die Faszination der Möglichkeiten genauso vom Selbsterleben ablenken kann wie die Überforderung im Umgang mit der Technik. Daher ist eher zu empfehlen, Tools wohldosiert einzusetzen und immer darauf zu achten, das technische Know-How des Gegenübers nicht zu überfordern.

9 Das eigene Konzept entwickeln

In der Einführung zu diesem Buch habe ich Sie eingeladen, mit mir die Theorie des experienziellen Vorgehens zu erkunden und Ideen zu entwickeln, wie Sie die experienzielle Theorie auf die Praxis des Coaching anwenden können. Die methodischen Impulse, die ich gegeben habe, stellen keine abschließende Aufzählung dar, sondern sind eher als Basis zu verstehen, auf der Sie individuell aufbauen können, um Ihr eigenes experienzielles Repertoire weiter zu entwickeln. Schließlich ist experienzielle Gesprächsführung nicht in erster Linie als Werkzeug zu verstehen, sondern als Ausdruck einer Haltung und eines Menschenbilds, in dem der Körper, die Gefühle und das Denken gleichermaßen eine Rolle spielen.

> **!** Experienzielle Gesprächsführung ist nicht in erster Linie als Werkzeug zu verstehen, sondern als Ausdruck einer Haltung und eines Menschenbilds, in dem der Körper, die Gefühle und das Denken gleichermaßen eine Rolle spielen.

Selbstverständlich ist Experiencing nicht auf das Coaching begrenzt. Es lässt sich auch in zahlreichen anderen Beratungssituationen anwenden, besonders wenn es darum geht, Neues zu entwickeln oder Veränderungen herbeizuführen. Ebenso kann es genutzt werden, um eigene Pläne und Konzepte zu kreieren oder zu überarbeiten. Experiencing gibt hier die Möglichkeit, dem Impliziten am Rand der Gewahrwerdung Ausdruck zu geben und so die richtigen Worte und Beschreibungen für das zu finden, was bisher nur schwer ausgedrückt werden konnte. Gendlin hat dazu eine eigene Kreativitätstechnik, Thinking at the Edge (TAE), entwickelt, und im deutschsprachigen Raum wurde diese Technik insbesondere von Heijo Feuerstein und Heinke Deloch aufgegriffen und zum Erlebensbezogenen Concept Coaching (ECC) weiterentwickelt (Feuerstein & Deloch, 2010; Deloch & Feuerstein, 2013). Im Wesentlichen geht es dabei darum, über das bisher Unklare und noch nicht Geformte einen Weg zum Neuen zu finden.

TAE beinhaltet 14 systematische Schritte, die dabei unterstützen sollen, das implizite Wissen in einem bestimmten Themengebiet zu entfalten und daraus stimmige und konsistente Konzeptionen abzuleiten. Die Schritte lassen sich in drei Phasen zusammenfassen:

1. Aus dem Erleben der Idee heraus Worte entstehen lassen: Diese Phase leitet dazu an, durch erlebensbezogene Übungen erste stimmige Wörter zu einem Thema zu finden und daraus Sätze zu entwickeln, die das Neue umschreiben und bewahren.
2. In beispielhaften Episoden Muster finden: Hier werden Fallbeispiele gesammelt und beschrieben, um einzelne Teile des Konzepts, die zwar ausgedrückt werden können, aber noch keinen Zusammenhang erkennen lassen, zu konkretisieren. Durch „Kreuzen" der Einzelteile werden dabei wichtige Details und neue Muster herausgearbeitet. „Kreuzen" ist eine immer wieder zum Einsatz kommende Methode: In unterschiedlichen Episoden wird nach übergreifenden Mustern gesucht, die miteinander verglichen werden. Ziel ist dabei, weitere, neue Muster zu entdecken.
3. Ein konsistentes Konzept formulieren: Am Ende werden logische Zusammenhänge zwischen den bisher formulierten Teilkonzepten hergestellt, so dass ein kommunizierbares, logisch nachvollziehbares Gesamtkonzept entsteht.

Vielleicht finden Sie sich jetzt, am Ende dieses Buchs auch in einer Situation wieder, in der Sie über Ihr eigenes Coachingkonzept nachdenken. Manche der Impulse dieses Buchs haben Sie vielleicht schon aufgegriffen und in der Praxis erprobt, während Sie bei anderen Impulsen noch nicht sicher sind, wie Sie diese umsetzen wollen. Möglicherweise sind Sie durch die Lektüre auch angeregt, über Ihre eigene Haltung und Ihr Vorgehen beim Coaching nachzudenken und Ihre Überlegungen in einem eigenen konsistenten Coachingkonzept zusammenzufassen. In diesem letzten Kapitel dieses Buchs habe ich auf eine abschließende Zusammenfassung verzichtet und biete Ihnen stattdessen auf der Grundlage des Erlebensorientierten Concept Coaching eine Möglichkeit an, Ihr eigenes Konzept für Beratung und Coaching stimmig weiterzuentwickeln.

Bei der erlebensorientierten Konzeptentwicklung spielt das sprachliche Explizieren von neuen Sichtweisen eine zentrale Rolle. Konzepte können unter anderem dann weiterentwickelt werden, wenn die Beteiligten Bedeutungen in Worten entdecken, die zunächst unlogisch klingen mögen, am Ende aber eben doch neue Facetten beinhalten. Dies gelingt leichter, wenn die Konzeptentwicklung im Dialog geschieht.

Wenn Sie Ihr eigenes Konzept entwickeln oder anpassen wollen, bietet sich an, dass Sie dies nicht alleine tun, sondern sich eine Gesprächspartnerin suchen, die etwas Erfahrung mit Focusing oder mit Experiencing hat und Sie auf Ihrem Weg begleiten kann. Ähnlich wie Gendlin für das Focusing angeregt hat, dieses als partnerschaftliche Übung durchzuführen, so empfiehlt sich auch für die Konzeptentwicklung eine entsprechende Gesprächspartnerschaft. Die Aufgabe des Gegenübers besteht dann im präzisen Zuhören und Zurücksagen, um Ihnen zu helfen, Ihre eigenen Schlüsselworte zu entdecken. Besonders hilfreich ist es, wenn die Gesprächspartnerin gleichzeitig Ihre Worte mitschreibt, damit Sie sich ganz auf Ihren inneren Prozess konzentrieren können, ohne dass Ihr Gesagtes in Vergessenheit gerät. Ihre Gesprächspartnerin kann Ihnen dann nach jedem Schritt, den Sie gegangen sind, nochmals das Gesagte vorlesen, und Sie können gemeinsam die Worte unterstreichen, die dabei besonders bedeutsam werden.

Der hier vorgeschlagene Leitfaden beruht auf den von Heinke Deloch (2017) veröffentlichten Schritten des Erlebensbezogenen Concept Coaching (ECC).

BEISPIEL

Leitfaden zur Konzeptentwicklung

Suchen Sie sich zunächst einen ruhigen Ort auf und nehmen Sie sich Zeit, Ihre bisherigen Überlegungen und Erfahrungen in Sachen Beratung und Coaching Revue passieren zu lassen. Versuchen Sie, Ihre Gedanken und Gefühle dazu aufsteigen zu lassen und nehmen Sie diese wahr, ohne sie zu bewerten.

1. Sicher sind die Impulse aus diesem Buch nicht die einzigen und nicht die ersten Impulse zum Coaching, die Sie aufgreifen. Was sind Ihre bisherigen guten Erfahrungen im Coaching? Mit welchen Stichworten lässt sich beschreiben, was bisher das Gute an Ihrem Coachingkonzept ist?
2. Gibt es bestimmte Facetten an Ihren Coachingkonzept, die Sie weiterentwickeln wollen? Welche sind das?
3. Wahrscheinlich schwebt Ihnen für die Weiterentwicklung schon etwas vor, was aber noch schwer in Worte zu fassen ist. Spüren Sie dem nach: Welche Veränderungsimpulse kommen Ihnen? Welche vagen ersten Ideen haben Sie? Etwas, was von Ihrer Erfahrung ausgeht und doch irgendwie als Neuland vor Ihnen liegt?
4. Halten Sie nochmal inne: Mit welcher persönlichen Erfahrung bzw. mit welcher Situation ist dieses Neue, das Besondere, um das es Ihnen geht, für Sie verbunden? Vielleicht gab es auch bei der Lektüre dieses Buchs eine Sache, die Sie besonders angesprochen hat?

5. Achten Sie nun noch bewusst auf Ihr inneres Erleben, auf Ihre Gefühle, auf die Regungen in Ihrem Körper: Wie verändert sich Ihre Stimmung, wenn Sie über Ihre vielleicht noch diffusen Ideen und Änderungsimpulse sprechen? Wie fühlt sich all das körperlich an? Versuchen Sie, ein umfassendes Körpergefühl dazu wahrzunehmen und diesem nachzuspüren. Welche „Eigenart" hat dieses Gefühl – suchen Sie ein passendes Eigenschaftswort. Vielleicht entsteht vor Ihrem inneren Auge auch ein Bild, das zu diesem umfassenden Körpergefühl passt? Nehmen Sie sich Zeit für diesen Schritt!
6. Versuchen Sie nun, von Ihrem momentanen Standpunkt aus nochmals zu dem Neuen, das Sie entwickeln wollen, zurück zu kommen. Was von dem bisher schwer Sagbaren ist jetzt schon deutlicher oder klarer geworden? Welche Worte oder Bilder würden helfen, dieses Neue auszudrücken? Spielen Sie ruhig ein wenig mit den verschiedenen Worten und probieren Sie aus, was am ehesten stimmig ist für Sie.
7. Spüren Sie weiter nach: Was ist der Kern, was ist das Lebendigste an Ihrer neuen Idee? Was spricht Sie am meisten an? Versuchen Sie, diesen Kern in einem Satz auszudrücken.
8. Lassen Sie auch hier nochmal Ihr Körpergefühl sprechen: Können Sie Ihrem Satz voll und ganz zustimmen? Was daran stimmt, was stimmt noch nicht? Was wollen Sie noch weiterentwickeln, so dass es passt?

Wenn Sie den Leitfaden zur Konzeptentwicklung für sich selbst anwenden, idealerweise gemeinsam mit einer Gesprächspartnerin, werden Sie merken, dass Ihre eigenen Entwicklungsschritte nicht unbedingt so linear verlaufen wie das hier dargestellt ist. So kann es ein, dass Sie nicht erst beim fünften Schritt auf Ihre körperlichen Empfindungen achten, sondern dass diese schon zu einem früheren Zeitpunkt für Sie spürbar sind. Vielleicht werden Sie auch an einigen Stellen zu einem vorherigen Schritt zurück springen, weil Ihnen dort noch etwas wichtig wird. Wenn das der Fall ist, erleben Sie etwas, was in unserer menschlichen Entwicklung normal ist und was auch notwendig ist, um Spannung und Lebendigkeit aufrecht zu erhalten: Veränderungsprozesse verlaufen in aller Regel nicht linear, sondern zirkulär. So sehr wir auch versuchen, experienzielle Entwicklungsschritte zu systematisieren und in einem Ablaufschema darzustellen, so sehr erleben wir, dass es manchmal gerade die Wiederholungsschleifen sind, die Neues entstehen lassen. Immer wieder geht es dabei darum, bisher Implizites am Rand der Gewahrwerdung zu explizieren, es ins Geschehen zu bringen. Oder, wie Gendlin es im Rahmen seiner philosophischen Überlegungen zum Prozessmodell formulierte:

„Das erste Gesetz der Explikation besagt, dass eine Explikation mehr und anderes umfasst als das Geschehen, in dem das jetzt Explizierte noch implizit „war". In typischen Fällen von Explikation entsteht mehr. Gefragt, ob man einen Satz, den man geschrieben hat, explizieren kann, weiß man, dass man nach einer Anzahl weiterer Sätze gefragt wird. In dieser Weise wird der eigene Standpunkt mit mehr Bedeutung expliziert als im ersten Satz." (Gendlin, 2015, S. 297)

10 Literatur

Auszra, L., Herrmann, I. & Greenberg, L. (2017). Emotionsfokussierte Therapie. Ein Praxismanual. Göttingen: Hogrefe

Benecke, C. (2014). Klinische Psychologie und Psychotherapie. Ein integratives Lehrbuch. Stuttgart: Kohlhammer

Burt, D. & Talati, Z. (2017). The Unsolved Value of Executive Coaching: A Meta-Analysis of Outcomes Using Randomised Control Trial Studies. *International Journal of Evidence Based Coaching & Mentoring, 15(2)*, 17–24

Cooper, M., Watson, J. & Hölldampf, D. (2010). Person-Centered and Experiential Therapies Work: A Review of the Research on Counseling, Psychotherapy, and Related Practices. Ross-on-Wye: PCCS Books

Dahlhoff, H. & Bommert, H. (1978). Forschungs- und Trainingsmanual zur deutschen Fassung der Experiencing-Skala. In H. Bommert & H. Dahlhoff (Hrsg.), *Das Selbsterleben (Experiencing) in der Psychotherapie* (S. 63–128). München: Urban und Schwarzenberg

Damasio, A. (1994). Descartes Irrtum. Fühlen, Denken und das menschliche Gehirn. München: List

De Haan, E. & Nieß, C. (2018). Kritische Momente im Coaching. Wie Klienten und Klientinnen, Coaches und Interessensgruppen Veränderungen wahrnehmen. In R. Wegener, A. Fritze, M. Hänseler & M. Loebbert (Hrsg.), *Coaching-Prozessforschung. Forschung und Praxis im Dialog* (S. 56–66). Göttingen: Vandenhoeck & Ruprecht

De Meuse, K., Dai, G. & Lee, R. (2009). Evaluating the Effectiveness of Executive Coaching: Beyond ROI? *Coaching: An International Journal of Theory Research and Practice 2(29)*, 117–134

Deloch, H. (2017). Erlebensbezogen Denken, Coachen und Moderieren: Der Coachingansatz ECC – Erlebensbezogenes Concept-Coaching. *Person, 21/2*, 120–131

Deloch, H., Feuerstein, H. (2013). Erlebensbezogenes Concept Coaching (ECC) – vielfältige Anwendungen in der Praxis. Die Entwicklung eigenständiger Konzepte und innovativer Zusammenarbeit gezielt unterstützen. *Gesprächspsychotherapie und Personzentrierte Beratung, 1/13*, 35–43

Ebner, K. (2016). Veränderungen durch Coaching: Wie lernt ein Coachee im Coaching-Prozess? In C. Triebel, J. Heller, B. Hauser & A. Koch (Hrsg.), *Qualität im Coaching. Denkanstöße und neue Ansätze: Wie Coaching mehr Wirkung und Klientenzufriedenheit bringt* (S.81–91). Heidelberg: Springer

Elliot, R., Greenberg, L. & Lietaer, G. (2013). Forschung zu erfahrungsorientierten Psychotherapieansätzen. In M. Lambert, M. Richard & H. Vogel (Hrsg.), *Bergin & Garfields Handbuch der Psychotherapie und Verhaltensmodifikation* (S. 791–866). Tübingen: dgvt-Verlag

Feuerstein, H. & Deloch, H. (2010). Erlebensbezogenes Denken: Neue Konzepte entwickeln in Beratungsprozessen. *Gesprächspsychotherapie und Personzentrierte Beratung, 4/2010*, 1–7 (Sonderdruck)

Feuerstein, H. & Müller, D. (1998). Supervision als Prozess. Beiträge des Focusing-Ansatzes zu Theorie und Praxis Personzentrierter Supervision. In U. Straumann & W. Schröder (Hrsg.), *Verstehen und Gestalten: Beratung und Supervision im Gespräch* (S. 37–52). Köln: GwG-Verlag

Fietze, B. (2015). Coaching auf dem Weg zur Profession? Eine professionssoziologische Einordnung. In A. Schreyögg & C. Schmidt-Lellek (Hrsg.), *Die Professionalisierung von Coaching. Ein Lesebuch für den Coach* (S. 3–21). Wiesbaden: Springer

Fischer-Epe, M. (2002). Coaching: Miteinander Ziele erreichen. Reinbek bei Hamburg, Rowohlt Taschenbuch Verlag

Gendlin, E. (1968). The Experiential Response. In E. Hammer (ed.), *Use of Interpretation in Treatment. Technique and Art* (pp. 208–227). New York: Grune & Stratton

Gendlin, E. (1996). Focusing-orientierte Psychotherapie. Ein Handbuch der erlebensbezogenen Methode. München: Pfeiffer

Gendlin, E. (1998). Focusing. Selbsthilfe bei der Lösung persönlicher Probleme. Hamburg: Rowohlt

Gendlin, E. (2002). The Experiential Response. Teil I: Regeln für das therapeutische Antworten. *Focusing-Journal, 8*, 1–11

Gendlin, E. (2015). Ein Prozess-Modell: Körper. Sprache. Erleben. Freiburg: Karl Alber

Gendlin, E. & Wiltschko, J. (2016). *Focusing in der Praxis. Eine schulenübergreifende Methode für Psychotherapie und Alltag* (6. Aufl.). Stuttgart: Klett-Cotta

Gessnitzer, S., Schulte, E. & Kauffeld, S. (2018). Psychologische Coaching-Forschung zu Interaktionsprozessen, Coaching-Formaten und Diagnoseinstrumenten. Empirische Erkenntnisse als Anregungen für die Coaching-Praxis der Zukunft. In R. Wegener, A. Fritze, M. Hänseler & M. Loebbert (Hrsg.), *Coaching-Prozessforschung. Forschung und Praxis im Dialog*. (S. 37–55). Göttingen: Vandenhoeck & Ruprecht

Geuter, U. (2015). Körperpsychotherapie. Grundriss einer Theorie für die klinische Praxis. Berlin: Springer

Gonçalves, M., Mendes, I., Ribeiro, A., Angus, L. & Greenberg, L. (2010). Innovative Moments and Change in Emotional Focused Therapy: The Case of Lisa. *Journal of Constructivist Psychology, 23*, 1–28

Graßmann, C., Schölmerich, F. & Schermuly, C. (2019). The Relationship Between Working Alliance and Client Out-Comes in Coaching: A meta-analysis. Human Relations Advance Online Publication. https://journals.sagepub.com/doi/10.1177/0018726718819725 (19.12.2019)

Greenberg, L., Rice, L. & Elliot, R. (2003). Emotionale Veränderung fördern. Grundlagen einer prozess- und erlebensorientierten Therapie. Paderborn: Junfermann

Greif, S. (2008). Coaching und ergebnisorientierte Selbstreflexion. Theorie, Forschung und Praxis des Einzel- und Gruppencoachings. Göttingen: Hogrefe

Greif, S., Riemenschneider-Greif, F. (2018). Wie im Coaching neue Einsichten entstehen. Anregung für eine theoriegeleitete Erforschung innerpsychischer Prozesse. In R. Wegener, A. Fritze, M. Hänseler & M. Loebbert (Hrsg.), *Coaching-Prozessforschung. Forschung und Praxis im Dialog* (S. 112–136). Göttingen: Vandenhoeck & Ruprecht

Hendricks, M. (2002). Focusing-oriented/experiential psychotherapy. In D. Cain (ed.): *Humanistic Psychotherapies: Handbook of Research and Practice* (pp. 221-251). Washington: American Psychological Association. http://previous.focusing.org/research_basis.html (09.01.2021)

Hinz, A. & Behr, M. (2002). Biografische Rekonstruktionen und Reflexionen. Zum 100. Geburtstag von Carl Rogers. *Gesprächspsychotherapie und Personzentrierte Beratung, 3/2002*, 197–210

Hofmann, T. (2016). Experienzielle Kommunikation. Wie kann soziales Miteinander in komplexen Situationen gelingen? Coburg: ZKS-Verlag

Jaison, B. & Lawlor, M. (1996). Focusing and Research. *The Folio: A Journal for Focusing and Experiential Therapy, 15(1)*, 1–84

Jones, R., Woods, S. & Guillaume, Y. (2015). The Effectiveness of Workplace Coaching: A Meta-Analysis of Learning and Performance Outcomes from Coaching. *Journal of*

Occupational and Organizational Psychology, 89, 249 – 277. https://doi.org/10.1111/joop.12119 (26.08.2021)

Kauffeld, S. & Gessnitzer, S. (2018). Coaching. Wissenschaftliche Grundlagen und praktische Anwendung. Stuttgart: Kohlhammer

Kern, E. (2015). Personzentrierte Körperpsychotherapie. *Gesprächspsychotherapie und Personzentrierte Beratung, 15(3)*, 134 – 140

Klein, M., Mathieu, P., Gendlin, E. & Kiesler, D. (1969). The Experiencing Scale: A Research and Training Manual. Madison: University of Wisconsin, Extension Bureau of Audiovisual Instruction

Kotte, S., Hinn, D., Oellerich, K. & Möller, H. (2018). Stand der Coachingforschung: Ergebnisse der vorliegenden Metaanalysen. In S. Greif, H. Möller & W. Scholl (Hrsg.), *Handbuch Schlüsselkonzepte im Coaching* (S. 553 – 562). Berlin: Springer

Kilburg, R. (2001). Facilitating Intervention Adherence in Executive Coaching: A Model and Methods. *Consulting Psychology Journal: Practice and Research, 53(4)*, 251 – 267

Kottler, J. (2014). Change: What really leads to lasting personal transformation. New York: Oxford University Press

Lienhard, N., Künzli, H. (2021). Körperorientierte Intervention im Coaching. Organisationsberatung Supervision Coaching (2021). https://doi.org/10.1007/s11613-021-00696-6 (26.08.2021)

Limmer, A., Schütz, A. (2018). Resilienz – Modewelle oder Paradigmenwechsel in Prävention und Coaching? In S. Greif, H. Möller & W. Scholl (Hrsg.), *Handbuch Schlüsselkonzepte im Coaching* (S. 485 – 493). Berlin: Springer

Loos, Wolfgang (2006). Unter vier Augen: Coaching für Manager. Bergisch Gladbach: EHP-Verlag Andreas Kohlhage

Lowen, A. (2008). Bioenergetik: Therapie der Seele durch Arbeit mit dem Körper. Reinbek: Rowohlt

Maslow, A. (1966). The Psychology of Science: A Reconnaissance. New York, Harper & Row

Mearns, D. (1999). Person-centred therapy with configurations of self. *Counselling, 10(2)*, 125 – 130

Möller, H. & Kotte, S. (2011). Die Zukunft der Coachingforschung. *OSC Organisationsberatung Supervision Coaching, 18*, 445 – 456

Perls, F. (2018). *Gestalt-Therapie in Aktion* (12. Aufl.). Stuttgart: Klett-Cotta

Petzold, H. (2006). Der „informierte Leib": „embodied and embedded" – ein Metakonzept für die Leibtherapie. In G. Marlock & H. Weiss (Hrsg.), *Handbuch der Körperpsychotherapie* (S. 100 – 118. Stuttgart: Schattauer

Purton, C. (2004). Person-Centred Therapy. The Focusing-Oriented Approach. New York: Palgrave Macmillan

Renn, K. (2016). Magische Momente der Veränderung. Was Focusing bewirken kann. Eine Einführung. München: Kösel-Verlag

Riva, G. (2015). Phenomology of Positive Change: Personal Growth. I P. Inghilleri, G. Riva & E. Riva (eds), *Enabling Positive Change. Flow and Complexity in Daily Experience*. Warschau, Berlin: De Gruyter Open

Rogers, C. (1972). Die nicht-direktive Beratung. München: Kindler

Rogers, C. (1991b). *Eine Theorie der Psychotherapie, der Persönlichkeit und der zwischenmenschlichen Beziehungen* (3. Aufl. 1991, Nachdruck 2002). Köln: GWG-Verlag

Rogers, C. (2000). *Therapeut und Klient* (15. Aufl.). Frankfurt: Fischer

Rogers, C. (2008). Eine Theorie der Psychotherapie, der Persönlichkeit und der zwischenmenschlichen Beziehungen. München: Reinhardt/GwG

Roth, G. (2019). Integratives Coaching auf neurowissenschaftlicher Grundlage. *OSC Organisationsberatung Supervision Coaching, 26*, 297 – 312

Roth, G. & Ryba, A. (2016). Coaching, Beratung und Gehirn. Neurobiologische Grundlagen wirksamer Veränderungskonzepte. Stuttgart: Klett-Kotta

Ryba, A. (2018). Die Rolle unbewusster und vorbewusst-intuitiver Prozesse im Coaching. Göttingen: Vandenhoeck & Ruprecht

Ryba, A. (2019). Körperzentriertes Coaching und der Zugang zum Unbewussten. *OSC Organisationsberatung Supervision Coaching, 26*, 313 – 329

Sachse, R., Atrops, A., Wilke, F. & Maus, C. (1992). Focusing: Ein emotionsorientiertes Psychotherapie-Verfahren. Bern: Verlag Hans Huber

Sachse, R. & Fasbender, J. (2011). Focusing: Eine Therapietechnik zur Repräsentation affektiver Schemata. In R. Sachse, J. Fasbender, J. Breil & M. Sachse (Hrsg.), *Perspektiven Klärungsorientierter Psychotherapie II* (S. 131 – 155). Lengerich: Pabst

Sachse, R. & Langens, T. (2014). Emotionen und Affekte in der Psychotherapie. Göttingen: Hogrefe

Schermuly, C. (2019). Erfolgreiches Business-Coaching. Positive Wirkungen, unerwünschte Nebenwirkungen und vermeidbare Abbrüche. Weinheim: Beltz-Verlag

Schulz von Thun, F. (2014): Miteinander reden – 3: Das „Innere Team" und situationsgerechte Kommunikation: Kommunikation, Person, Situation. Reinbek: Rowohlt

Siegrist, U. (2020): Die Rolle des Felt Sense im Coaching. Eine explorative Studie. Kassel: kassel university press

Sonesh, S., Coultas, C., Lacerenza, C., Marlow, S., Benishek, L. & Salas, E. (2015). The Power of Coaching: A Meta-Analytic Investigation. *Coaching: An International Journey of Theory, Research and Practice, 8*, 73 – 95

Tausch, R., Tausch, A. (1973). Erziehungspsychologie: Psychologische Prozesse in Erziehung und Unterrichtung. Göttingen: Hogrefe

Theeboom, T., Beersma, B. & van Vianen, A. (2014). Does Coaching Work? A Meta-Analysis on the Effects of Coaching on Individual Level Outcomes in an Organizational Context. *The Journal of Positive Psychology, 9*, 1 – 18

Wahl, A. (2018). Selbstorganisation fördern in der beruflichen Beratung. Die Synergetik als metatheoretisches Rahmenkonzept zur Fundierung eines integrativen Beratungsansatzes. Dissertationsschrift im Fach Erziehungswissenschaft an der Fakultät für Verhaltens- und Empirische Kulturwissenschaften der Ruprecht-Karls-Universität Heidelberg

Wegener, J. & Zöller, J. (2018). Die Geländeanalyse. Ein Coaching-Tool von Judith Wegener und Jan Zöller. *Coaching-Magazin, 3/2018*, 43 – 46

Wegener, R. (2019). Bedeutsame Momente im Coaching. Eine explorative Untersuchung zur Weiterentwicklung der Prozessforschung. Wiesbaden: Springer Open Access. https://doi.org/10.1007/978-3-658-25687-6 (26.08.2021)

Wild-Missong, A. (1996). Focusing Bibliothek. Mit Focusing im Leben. Focusing und Selbstentfaltung, Feminismus, Spiritualität, Schamanismus u.a. Würzburg: Dt. Ausbildungsinst. für Focusing-Therapie

Will, T., Gessnitzer, S. & Kauffeld, S. (2016). You think You Are an Empathic Coach? Maybe You Should Think Again. The Difference Between Perceptions of Empathy vs. Empathic Behaviour After a Person-Centred Coaching Training, *Coaching: An International Journal of Theory, Research and Practice, 9(1)*, 53 – 68, https://doi.org/10.1080/17521882.2016.1143023 (26.08.2021)

Wilmes, C. & Loebbert, M. (2013). Coaching als Beratung. In M. Loebbert (Hrsg.), *Professional Coaching. Konzepte, Instrumente, Anwendungsfelder* (S. 17 – 48). Stuttgart: Schäffer-Poeschel

Wiltschko, J. (2017). Ist „der Prozess" zielorientiert? Essentials aus der focusingtherapeutischen Praxis. *Gesprächspsychotherapie und Personzentrierte Beratung 3/17*, 138 – 143

Zur Bonsen, M. & Maleh, C. (2001). Appreciative Inquiry (AI). Der Weg zu Spitzenleistungen. Weinheim: Beltz Verlag

11 Sachregister